RUPTURE – RESISTANCE - RIPOSTE
Accélérer la Fin de la Françafrique

Par
Léopold Moise Secke
Copyright© 2018 Patricia Secke USA

Tous droits réservés

DEDICACE

A mes parents, les regrettés Nyokon à Secke Charles et Kibeben à Mbassa Ruth, mon amour et ma reconnaissance éternels.

A ma chère épouse, Patricia Esther Secke, mon infatigable collaboratrice, et Femme Performante par Excellence et ma famille.

A toute la Jeunesse Africaine, l'avenir vous appartient, c'est à vous de le construire.

REMERCIEMENTS

Ma reconnaissance se dirige en priorité vers l'Etre Suprême, celui qui est au contrôle de tout et sans lequel cet ouvrage n'aurait jamais vu le jour.

Je rends ensuite hommage et je dis merci à mon épouse, Patricia Esther Secke qui m'a fidèlement accompagné dans toutes les étapes de la réalisation de ce projet. De longues journées de discussion et d'analyses contradictoires, en passant par l'organisation et l'administration du livre, sa contribution est restée constante et simplement magnifique. Thank you Baby.

Au lecteur avisé et pointu, le Dr. Jean-Claude Secke, brillant économiste, ma reconnaissance très fraternelle ; par ses observations pertinentes, il a beaucoup apporté, dépouillant au passage le texte de son langage pugnace qu'il estimait guerrier….Merci, mon frère.

A Nadège Sylvie Ndengué, toute ma gratitude pour les efforts consentis dans la saisie du texte car, ce n'était pas toujours aisé de lire le manuscrit. Merci à cette jeune dame performante.

Ainsi, toutes erreurs ou incorrections que le lecteur pourrait trouver dans ce livre sont de mon entière et seule responsabilité, je m'en excuse d'avance et j'en assume le poids.

RUPTURE – RESISTANCE - RIPOSTE
Accélérer la Fin de la Françafrique

PROLOGUE

Qu'il soit clairement compris que lorsque nous parlons de la France, nous faisons exclusivement référence à l'Etat Français, sa classe dirigeante et ses multiples démembrements que sont ses multinationales. La part de responsabilité que nous attribuons au peuple français dans son ensemble est indirecte et surtout morale. Le peuple prolétaire de France n'a aucune responsabilité dans la supercherie françafricaine. Il y a des Français qui dénoncent la même chose que nous.

Par ailleurs, cet ouvrage n'a pas pour objectif d'attribuer entièrement les retards de développement des pays de la zone CFA à la France. Nous ajoutons notre voix pour dénoncer le système de la Françafrique ! C'est une mauvaise relation qu'il faut supprimer en éduquant les peuples.

Léopold Moïse SECKE

SOMMAIRE

AVANT-PROPOS

Les relations qui lient la France aux pays de sa zone de « commandement ou d'influence selon les sensibilités », les multiples accords de coopération militaire, économique ainsi que toutes les autres formes d'assistance sont en réalité de parfaits dispositifs de contrôle et de maintien de la domination avec pour objectif final l'organisation de l'exploitation continue des pays opprimés; sous le label de la Françafrique.

La constellation formée par l'existence en Afrique des roitelets, despotes ou autres « Sous-préfets » africains peut durer et même perdurer dans une situation d'indécence totale aussi longtemps que ces derniers marchent selon les instructions de Paris. Ainsi, passer 20, 30, 40 ans de pouvoir continu devient la norme et les modifications fantaisistes des constitutions au préalable taillées sur mesure se font d'un pays à l'autre sans que cela ne gêne personne.

Dans cet univers ubuesque, la critique véritable est subtilement réprimée et tout mouvement de masse est brutalement maté avec de nombreuses pertes en vie humaines. Hyper puissants à l'intérieur de leur pays, ces roitelets africains qui bâillonnent leurs citoyens par les armes, les intimidations, les meurtres, le chantage, la répression et des emprisonnements arbitraires, sont pourtant si fragiles, pathétiques et si faibles face à leur parrain extérieur (la France) qui est le grand pourvoyeur d'armes utilisées contre le peuple.

La facilité avec laquelle ces despotes présidents africains sont souvent écartés du pouvoir démontre à souhait le rôle déterminant de la France dans ce jeu d'intérêts économiques et surtout géostratégiques. La « grande » France joue ses partitions mesquines et revêt sans honte le costume de pyromane et de pompier quand bon lui semble ; tout ceci sous le regard indifférent mais complice de la soi-disant « Communauté internationale » et d'une Union Africaine qui s'enferme dans un silence assourdissant, les yeux fermés, la tête très souvent enfouie dans du sable comme ferait l'autruche……

Si les pays de la zone CFA ne modifient pas profondément la nature des relations multiformes et asphyxiantes qu'ils entretiennent avec la France, ils ne seront jamais capables de développer de vrais partenariats avec les autres acteurs du monde. La percée de la Chine et accessoirement des autres pays dans les économies de la zone CFA pourraient faire penser à certains que la France perd du terrain, il n'en est rien, ce n'est qu'apparent. Cette relation « forcée » des pays de la zone CFA avec la France avait-elle vocation à être éternelle ou temporaire ?

Si on se limite un moment à l'exemple du Cameroun, rappelons que ce pays, après la défaite de l'Allemagne, fut placé sous la tutelle de la France ; cependant, la tutelle ne s'est jamais achevée comme nous le démontrerons dans les pages suivantes. En réalité, cette relation de domination très injuste et incestueuse, aussi appelée Françafrique, ralentit, freine, ou pour les plus pessimistes, empêche le développement des pays de la zone CFA. Cette amitié hypocrite entre la France et les pays de la zone franc a trop duré et les pays africains exploités doivent vivre une nouvelle saison. En tant que nations qui réclament une souveraineté réelle, ces pays doivent avancer résolument vers la réalisation de cet objectif qui conditionne le développement et l'émergence véritables.

Comment mettre fin à ces systèmes propres aux élites africaines qui reproduisent elles-mêmes leur subordination suicidaire vis-à-vis de leurs maîtres blancs? Pour mieux présager du comportement à venir, il faut observer le comportement passé; un rapide coup d'œil des faits passés et actuels nous révèle clairement que l'homme blanc dans sa mission « civilisatrice » du noir, ne nous a pas aidé, il s'est plutôt servi de nous pour s'aider, chacun peut tirer sa conclusion. Tant que leurs intérêts sont garantis et sécurisés, les hommes de l'Occident restent les amis de l'homme noir mais c'est une amitié de façade qui bascule très vite dès que leurs intérêts sont remis en cause ou menacés. Cependant, peut-on humainement leur en vouloir pour ce comportement? Non, il revient aux africains d'intégrer dans leurs mentalités la défense jalouse de leur souveraineté, de leurs intérêts, de leur liberté et de leur indépendance.

La naïveté que l'on retrouve chez certain africain fait d'eux des êtres manipulables à souhait : le cas le plus récent du Président français élu en 2012, François Hollande illustre cet aspect. Il a suffi d'un tout petit discours prononcé au cours d'une interview (à peine arrivé au pouvoir) sur la nature nouvelle des relations de la France avec les pays francophones d'Afrique, il a suffi de quelques excuses à demi-mots et de surcroit sans offrir des réparations pour que le Président François Hollande apparaisse aux yeux de nombreux africains comme différent des anciens dirigeants français et qu'une ère plus juste est ouverte, que la fin de la Françafrique serait proche.

Cinq ans plus tard, la Françafrique n'a pas changé elle se porte même bien et voici venu le nouveau Président, le jeune et moderne Emmanuel Macron, et on recommence à espérer, comme avec le beaujolais nouveau qui attire et excite les consommateurs alors qu'il s'agit du même vin présenté chaque année. La réalité est têtue, face à un Occident sans foi ni loi, il revient aux Africains de mettre en place une riposte intelligente. Dans la mesure où le désir de domination et de contrôle des Occidentaux n'a pas changé depuis des siècles, il est par conséquent fondé de penser qu'il ne changera jamais parce qu'il fait partie intégrale de leur logiciel de fonctionnement, c'est un réflexe mental inné et profond. Il faut donc se battre pour se libérer.

Le moment est venu d'en finir avec cette Afrique qui écoute aux portes quand les autres discutent de son avenir ; d'en finir avec cette Afrique qui guette aux portes et aux fenêtres, assiste impuissante quand les autres se régalent de ses richesses. En finir avec cette Afrique qui prépare tous les diners, mais n'est jamais invitée à la table ; d'en finir avec cette Afrique qui pleure et se contente de ramasser les miettes quand elle est appelée à débarrasser la table des Occidentaux bien repus. Afrique, mon Afrique «Cesse d'être le jouet sombre au carnaval des autres » Aimé Césaire.

INTRODUCTION GENERALE: Pourquoi j'ai écrit cet ouvrage.

En observant les différents maux qui minent le quotidien des peuples noirs de la Francophonie, je me suis dit qu'il était nécessaire d'analyser et de présenter une vision globale d'un processus qui pourrait éventuellement libérer les pays africains sur lesquels la France continue de s'agripper vicieusement. En espérant que ma contribution pourrait apporter quelque chose de motivant aux enfants de l'Afrique encore oppressés, « *Rupture – Résistance – Riposte* » pourrait être une partie de l'ensemble des moyens à mettre en place pour aider ces pays à se libérer de la captivité française.

 Sous les Tropiques couleurs bleue blanc rouge de la Françafrique, ça bouge régulièrement, mais rien ne change vraiment; les dictateurs se succèdent, se ressemblent, les populations croulent toujours sous la misère et la vie continue dans l'indifférence complice dérivée du peuple français qui, sans être directement responsable des actes posés par les dirigeants politiques, est en grande partie bénéficiaire de la situation. C'est pour le peuple français et en son nom que les politiques prennent des décisions ; c'est donc d'une complicité morale qu'il s'agit dans ce cas.

De temps en temps, (pour citer l'exemple le plus récent au Burkina Faso) un peuple courageux s'éveille, se réveille et met en fuite un dictateur corrompu qui a sa vie sauve grâce à son exfiltration réalisée par le parrain français. Le Président Blaise Compaoré trouve refuge en Côte d'Ivoire, ou peu de temps après son exfiltration, son complice Alassane Ouattara (installé en Côte d'Ivoire par la France), le gratifie d'un poste de Conseiller à la Présidence et lui donne la nationalité Ivoirienne depuis le 17 Novembre 2015, puis par décret pris lors d'un Conseil des Ministres, le nomme Directeur Général du Conseil du Café-Cacao en Côte d'Ivoire.

Parfois des espoirs s'allument, on y croit vraiment en pensant que cette fois-ci sera le départ pour un véritable changement, on met en place un gouvernement de transition ou d'union nationale, on espère, on reprend les mêmes et on recommence. Encore un espoir de perdu, une révolution du peuple récupérée par le système de la « revolving door », du recyclage des politiciens tropicaux. La réserve naturelle et la patience indifférente qui nous habitent depuis notre tendre jeunesse ont disparues pour laisser la place à une obstination active dans la recherche d'une solution ne serait-ce que partielle au problème que pose l'emprise de la France sur les pays francophones au Sud du Sahara. La tentation de faire de cet ouvrage un cri de ralliement politique et de libération dans les pays victimes de la domination française est ici réelle car tous ces pays vivent depuis leur indépendance de façade des situations inacceptables et simplement révoltantes.

Il s'agit de faire comprendre aux populations africaines les réalités qui caractérisent leurs relations avec la France et leurs implications sur leur vécu quotidien. *Rupture-Résistance-Riposte* n'est pas une défense en soi, c'est plutôt une part entière de la Légitime Défense. Il est impératif de montrer, d'expliquer et d'exposer aux peuples africains les pans négatifs de cette longue, très longue relation avec la France et alors, nous tous, nous

nous lèverons comme un seul homme pour que cela change vraiment. Il faut se mettre debout, faire quelque chose, poser des actes qui comptent à travers des décisions sages et murement pensées.

Un rapide coup d'œil de l'autre aspect de la Françafrique, vue du côté français « impose » un challenge. Est-il fondé de reprocher à la France d'avoir mis en place ce système de domination dans la mesure où, comme tout pays, elle a l'obligation d'agir pour ses intérêts et de chercher à les maintenir par tous les moyens ? « Les pays n'ont pas d'amis, ils n'ont que des intérêts » telle est la réalité géopolitique et géostratégique du monde. Chacun doit se battre avec les moyens à sa disposition, chacun doit s'organiser pour se construire.

Avant cet ouvrage, il y a eu des voix qui ont vigoureusement dénoncées la Françafrique mais pas grand-chose à ce jour n'a changé ; après, il y en aura d'autres. L'adage qui dit « le chien aboie et la caravane passe » ne nous invite-t-il pas au silence et à la résignation? Nous refusons cette posture de vaincus, nous levons la voix et nous appuyons l'acte d'accusation contre toute domination déguisée sous forme d'indépendance ou fausse souveraineté. Indépendance réelle ou rien, d'autres nations l'ont obtenue, c'est à cela que nous aussi nous devons arriver.

Nous sommes à la recherche du déclencheur véritable des consciences Africaines pour convaincre l'homme noir et son peuple qu'ils n'ont pas grand-chose à attendre de l'Occident pour s'épanouir. Faut-il encore rappeler aux noirs que misères, guerres, divisions, famines sont très souvent organisées et entretenues par cet Occident qui leur fait croire qu'il est leur ami alors qu'il n'a pour seul objectif que de perpétrer sa domination sur le continent et de continuer de piller les richesses de cette terre abondamment bénie du Créateur?

Ce livre est le produit d'une très longue réflexion solitaire et indépendante, il est le fruit d'un arbre mur. Seules les vérités factuelles et l'objectivité qui y sont attachées ont sous-tendu mes analyses. Les positions sont personnelles, ma conviction est profonde et j'essaie autant que faire se peut de rester le plus objectif possible.

Je reconnais cependant qu'il est difficile de se séparer totalement de ses émotions quand on écrit sur un sujet qui vous touche et vous affecte directement. Mon souhait est que ces analyses, aussi partisanes puissent-elles paraître pour certains, soient canalisées dans la bonne direction pour qu'enfin la relation ombilicale qui existe entre la France et les pays africains francophones, change pour le mieux, qu'elle soit plus équitable et plus saine pour tous. Nous devons connaître les faits, ne jamais les oublier et savoir s'en servir pour poser des actes dans le sens positif.

Le motif majeur et naturel qui guide ma démarche n'est autre chose que l'orgueil patriotique de tout Africain qui veut proposer des voies de sortie de cet état d'injustice qui crève les yeux. Lorsque l'on comprend bien le système, c'est-à-dire quand on maîtrise les mécanismes qui continuent de maintenir enchaînés des peuples entiers, il devient alors possible de démolir effectivement et de façon définitive cet édifice détestable qu'est la Françafrique. Notre souci principal est de tirer la sonnette d'alarme pour réveiller la conscience de tous ces Africains francophones du Sud-Sahara qui s'obstinent à dormir au milieu d'un bal bruyant. Garder le silence lorsqu'on sait ce que nous savons de la Françafrique est tout simplement inacceptable, trop de violences, barbaries, morts et exploitation dans la relation de ces pays avec la France, il y a urgence pour une action salvatrice.

Le présent ouvrage a un objectif relativement simple : apporter ma modeste contribution avec pour but d'aider les africains francophones au sud du Sahara, surtout la jeunesse, à comprendre le fonctionnement de l'intelligence caucasienne dans ses relations avec le peuple noir. Mon souhait, est que ce livre offre des éléments permettant d'aider à créer une Afrique réellement indépendante, fière, en paix, dans la justice et où tous ses enfants pourront enfin bénéficier des ressources dont elle regorge.

La coopération entre la France et les pays Africains CFA est organisée et conduite sur une base essentiellement clientéliste inchangée depuis le début. Cette longue relation inique a donné naissance à un labyrinthe complexe cancéreux qui s'est métastasé et se caractérise par la prépondérance de l'informel sur le formel en matière d'exécution de la politique extérieure française conduite par des officiels non politiques et des réseaux d'affaires aux relents sulfureux. La transformation radicale de cette relation est rendue nécessaire non seulement à cause du nouveau contexte mondial, mais aussi par le désir absolu des pays de la zone CFA qui réclament une indépendance réelle.

La première partie de cet ouvrage esquisse l'état historique de cette relation en s'appuyant sur l'analyse en profondeur des invariants idéologiques, militaires et institutionnels de cette coopération imposée. L'hypothèse centrale que nous établissons est que la Françafrique est un système mafieux et ritualisé par des pratiques très décriées, elle est obsolète, il faut en finir. La rupture s'impose.

La deuxième partie délimite les contours de la résistance qui trouvera son efficacité dans l'engagement d'une jeunesse déterminée et encadrée par des patriotes. Nous constatons que seule une résistance bien pensée, stratégiquement organisée, et exécutée dans un esprit d'unité permet une émancipation totale des peuples de la zone CFA face à la France.

La troisième partie a pour objectif principal, l'inversion des rapports asymétriques dans l'optique que la dépendance de l'état-client à l'égard de l'état-patron soit annulée. Cet objectif peut être atteint par la riposte disciplinée des patriotes qui détruisent totalement cet édifice dans ses fondements et empêchent à jamais sa reconstruction.

Rupture- Résistance - Riposte constituent les maillons d'un processus de libération progressive avec tous les risques, les défis et les dangers qui y sont liés.

Rupture, Résistance, Riposte, biens implémentés, constituent l'équation de la liberté, de l'indépendance, et de la souveraineté.

L'IDENTITE DE LA FRANCAFRIQUE

Le terme Françafrique fut utilisé autour des années 1955 par Monsieur Félix Houphouët-Boigny qui fut le premier Président de la Côte d'Ivoire qui en son temps, et certainement en toute honnêteté bien africaine, croyait à l'existence d'une amitié sincère entre la France et les pays sous sa domination. Peut-on vraiment être sincère quand on domine? Ce terme, il faut le dire dégage de prime à bord une connotation négative et pour les avertis des relations franco-africaines, il ne peut que dégager une odeur « nauséabonde ». La Françafrique désigne une nébuleuse d'acteurs économiques, politiques, et militaires en France et en Afrique, organisée en réseaux et lobbies, polarisée sur l'accaparement de deux rentes : les matières premières minérales ou agricoles en Afrique et l'aide publique au développement. La logique de cette ponction étant d'interdire toute initiative hors du cercle des initiés ; le système, se régule dans la communication codée, il est naturellement très hostile à la démocratie.

La Françafrique est mise en place en 1960 par le Général de Gaulle alors Président de la France qui se trouva plus ou moins forcé d'accorder les indépendances aux quinze pays africains (*Cameroun, Togo, Mali, Tchad, Côte d'Ivoire, Benin, Gabon, Congo Brazzaville, Guinée Equatoriale, Niger, République Centrafricaine, Burkina Faso, Sénégal, Guinée Bissau, Comores*). Ces pays sont encore obligés de payer la dette coloniale à la France. Les dirigeants africains qui refusent sont tués ou victimes de coup d'état. Ceux qui obéissent sont soutenus et récompensés par la France grâce à un style de vie sompteux, tandis que leurs populations endurent la misère et le désespoir.

Il choisit pour la besogne Monsieur Jacques Foccart son bras droit qu'il charge de maintenir les pays d'Afrique francophone sous la tutelle française par un ensemble de moyens illégaux et occultes; il avait notamment pour mission de faire le contraire du discours officiel d'indépendance tenu par Le Président de Gaulle, ce qui de facto fait de la Françafrique un système illégal dans la mesure où on décrète une légalité internationale (indépendance) et on fait son contraire. Ceci condamne le système à opérer de manière émergée (environ 10%) avec un discours officiel menteur de la France des droits de l'homme, généreuse et terre d'asile, et la partie immergée 90% cachée et inavouable parce que tout simplement illégale. Quatre objectifs majeurs sous-tendent la Françafrique et ce sont :

- Maintenir la France au rang de puissance mondiale avec un cortège d'Etats clients ;
- Garantir l'approvisionnement en matières stratégiques, uranium et autres ;
- Assurer le financement de la vie politique en France avec l'argent qui vient de l'Afrique ;
- Confirmer le rôle de la France comme sous-traitant de l'Occident dans la guerre froide, barrer la voie au communisme.

La France n'est pas prête à se passer de ce système maléfique qui lui offre chaque année une trésorerie d'environ 500 milliards de dollars en provenance de l'Afrique selon les estimations des experts.

Depuis 1962, avec l'ouvrage «l'Afrique Noire est mal partie» de René Dumont, les pronostics très peu flatteurs se font sur l'Afrique, ceux-ci vont de la malédiction à l'incapacité pure et simple des noirs qui seraient génétiquement incompétents. Ce refrain a pour objectif final et inavoué de plonger les peuples africains dans une attitude de fatalisme et de résignation qui les met dans une position de soumission totale où ils doivent s'excuser de tout et accepter mourir lentement et surtout en silence. C'est une rengaine révolue, l'heure n'est plus à l'Afro pessimisme, l'Afrique, selon toutes les prévisions à ce jour est le continent de l'avenir.

Il est dès lors impératif pour les africains de prendre leurs responsabilités, de réfléchir profondément et sereinement pour trouver les voies et moyens de se libérer de la domination que la France exerce encore dans les pays de la zone CFA. La Françafrique n'est pas une fatalité, elle est la construction des instances dirigeantes des deux côtés: l'Etat Français d'une part et les relais locaux de ce système dans les pays africains à travers leurs dirigeants d'autre part.

La connaissance d'une très grande partie des réalités internationales s'est améliorée de manière significative grâce à la libéralisation et surtout à l'accessibilité de l'information en ligne. Les africains sont instruits et disposent dès lors des instruments leur permettant de diagnostiquer avec clarté les situations; ils peuvent voir des « choses » autrefois cachées. Ce qui reste à faire à présent, c'est que les africains analysent ces données avec réalisme et travaillent à se doter de capacité pour transformer en actions concrètes et de façon stratégique leurs décisions issues de ces analyses.

Il est révoltant de voir cette Afrique violée au jour le jour, sous le regard passif et complice de son élite qui se refuse, à dessein, à intégrer dans son discours un langage combattant qui puisse aider à libérer le continent. Faute d'actions concrètes, nos intellectuels affectionnent la spéculation vaine, le discours mensonger, la gesticulation et le rêve en plein jour. Par calcul ou par naïveté, ils se contentent très vite du très peu, sont prêts à ré-embrasser les oppresseurs d'hier et leur redonnent leur cœur (richesses) sans méfiance: tout simplement ahurissant.

Depuis l'esclavage, la traite négrière en 1441 qui assurait la destination d'esclaves noirs aux colonies du nouveau monde; depuis la Conférence de Berlin en 1885 et la colonisation, le peuple noir, de manière très récurrente subit l'oppression du blanc. Certains voudront voir dans nos propos une question raciale, mais ne devons-nous pas nous interroger sur les faits? Nous nous risquons tout de même à poser le théorème suivant : Quel que soit leur pays d'origine, les hommes blancs sont en majorité pareils; ils veulent en priorité assujettir l'homme noir pour l'exploiter et s'accaparer à un prix dérisoire de leurs richesses avec la ferme volonté de perpétrer leur domination sur tout le continent africain.

Le fondement de notre position s'appuie sur Le Code Noir rédigé comme par hasard par le Ministre Français Monsieur Jean Baptiste Colbert, que Louis XIV, le roi Soleil avait signé et publié en 1685. Ce Code noir a régi durant plus de deux siècles le commerce des esclaves nègres déportés d'Afrique vers l'Occident (voir un extrait des 60 articles dudit document en Annexes). S'il reste plus ou moins vrai que le désir de domination soit un instinct humain, celui-ci prend une connotation particulière quand il met en jeu des races différentes. Logique dans notre pensée, nous croyons ainsi que (l'Occident, les hommes blancs) ne peuvent pas être le vecteur des solutions à nos problèmes qu'ils ont par ailleurs causés et qu'ils entretiennent très souvent dans la logique du double jeu et de la langue de bois en politique.

En résumé, La Françafrique, c'est la confiscation des indépendances africaines, c'est le soutien des dictatures, le détournement de l'aide au développement, le pillage des matières premières, le maintien au pouvoir par la terreur politique, une corruption incroyable, etc.

Les solutions aux problèmes des Africains doivent venir des Africains et nous verrons comment elles peuvent trouver leur fondation dans le triptyque de la *Rupture, Résistance, Riposte* des peuples noirs avec la Françafrique que nous proposons pour en finir avec la domination Occidentale de façon générale et mettre hors-jeu la Françafrique en particulier. Il est bien possible de mettre fin à ce système d'exploitation inique; les africains du pré-carré français peuvent sortir de cet étau qui les paralyse et prolonge indéfiniment leur état de sous-développement avancé; il est possible d'établir des relations plus justes entre la France et ses dominés, entre l'Occident et les peuples d'Afrique.

La fin de la Françafrique va constituer une avancée significative dans la construction véritable de l'Unité Africaine. Les pays encore sous la domination française doivent tourner le dos à ce pays. La fin de la Françafrique veut dire se parler désormais face à face en se regardant droit dans les yeux, ceci pour mettre en place les conditions d'une coopération gagnant-gagnant, gage d'une relation durable et équitable. Les pays de la Françafrique doivent s'ouvrir véritablement et librement à d'autres pays et faire jouer à fonds les principes de la concurrence dans la passation des marchés.

Tourner totalement le dos à la France (et donc abattre la Françafrique) reste certes un objectif qui implique des défis majeurs, mais réalisables. En effet, compte tenu de la très longue histoire et les ramifications économiques, sociales, culturelles entre les pays africains et la France, la prudence, la ruse et la sagesse doivent guider la réflexion de tout nationaliste ou patriote africain.

PREMIERE PARTIE

Rupture

« Il n'y a pas de bon blanc, mais tous les blancs ne sont pas mes ennemis et tous les noirs ne sont pas mes amis »

CHAPITRE I:
Schématisation et Analyse Systémique de la Nébuleuse Françafrique

Les quinze pays qui utilisent le franc CFA comme monnaie n'ont jamais acquis la souveraineté qui va avec l'accession à l'indépendance, ils sont encore sous le contrôle de la France, principal acteur qui les maintient dans une situation de développement très peu enviable. Afin de cerner de manière claire ce système de prédation que la France applique sans interruption depuis l'époque de la colonisation sur ces pays, il convient dans un premier temps de mettre sur pied, l'organigramme architectural du système de la Françafrique. Pour faciliter la compréhension du système de la Françafrique, nous avons pris pour modèle un organigramme avec trois niveaux de responsabilités.

En amont nous avons les '***Bâtisseurs***' c'est-à-dire ceux qui pensent, programment et choisissent les hommes et les moyens de leurs actions. C'est ici que l'on retrouve l'appareil de l'Etat Français représenté au plus haut niveau : ***L'Elysée et sa cellule Africaine.*** Le Président de la République, le Premier Ministre, le Ministère des Affaires étrangères, l'Armée, une personne choisie par le Président souvent appelée *Mr.Afrique* que l'on dissimule maintenant sous le nom de conseiller. Cette ossature tient un discours officiel politiquement correct pour noyer le poisson.

Au milieu du système nous retrouvons tous *genres de facilitateurs et intermédiaires* qui assurent la transmission entre le bas et le haut, on retrouve ici les autres Ministères, les Ambassadeurs, les Grands Patrons des multinationales, les Loges Maçonniques et Rosicruciennes, les Services de Renseignements.

En aval du système on va retrouver les pays de *la zone francophone africaine* avec à leur tête des Chefs d'Etat, simples exécutants locaux qui organisent sur place le dispositif d'exécution et qui mettent en œuvre l'appareil de violence répressive qui maintient captif les populations apeurées et soumises.

A ces trois niveaux de responsabilité, on peut associer également trois niveaux de visibilité qui partent dans l'ordre du moins visible au plus visible; l'Elysée jouant habilement et pratiquant le double langage et la langue de bois est la face *cachée* de la pieuvre qui très malicieusement proclame sa neutralité et sa non-ingérence. Ensuite les facilitateurs intermédiaires du milieu qui pataugent dans un clair-obscur et enfin les chefs d'Etat Africains, véritables marionnettes opèrent à grand jour en confisquant les débats politiques qu'ils monopolisent au gré de leurs humeurs et caprices: c'est le niveau le plus visible. Tout le système fonctionne grâce à la mise en place, la protection et à la pérennisation des Chefs d'Etat *amis* et de leurs régimes très claniques, très ethniques, très tribalisés et fortement clientélistes. Dans cette configuration, certains Présidents Africains parmi lesquels le Feu Omar Bongo Ondimba, ont réussi l'exploit de partiellement inverser la relation de dépendance, tant ils ont accumulé les moyens de pression sur les décideurs français.

On pourrait aussi mettre dans ce registre Le Président camerounais Monsieur Paul Biya qui, au pouvoir depuis 35 ans narguant Le Président Français Mr. François Hollande lors de la conférence de presse conjointe qu'ont tenu les présidents français et camerounais dans la soirée du 03 juillet 2015 à l'occasion de la visite officielle de François Hollande au Cameroun. Paul Biya a été interrogé par un journaliste de France 2 sur sa longévité au pouvoir : « Vous êtes au pouvoir depuis 1982. Ce qui fait que vous êtes l'un des plus vieux présidents de la planète. Vous avez été élu plusieurs fois, vous avez fait plusieurs septennats. Il y aura une prochaine élection dans trois ans. Est-ce que vous imaginez qu'un nouveau mandat serait le bienvenu ou est-ce que vous comptez plutôt passer la main et considérer qu'une retraite serait plutôt bien méritée? » Et le président Paul Biya, serein, lui répondit : « Ne dure pas au pouvoir qui veut, mais qui peut ».

La Françafrique est une *nébuleuse* construite autour d'une architecture qui met en première ligne trois poutres essentielles : L'Elysée (Présidence de la République) l'Etat-major des Armées et les Grandes Entreprises Multinationales Françaises. Ensemble, ces trois entités poursuivent le même objectif géostratégique, celui de la consolidation claire du contrôle politique, militaire et économique de la France sur tous les pays de la francophonie.

Dans la configuration morphologique de la Françafrique telle que nous l'avons décrite, on observe que le pouvoir exécutif est très prépondérant. Il y a comme une absence voulue et bien accommodante des branches législatives et judiciaires. En effet, dans tout Etat qui se respecte, les trois branches du gouvernement que sont l'exécutif, le législatif et le judiciaire vivent ensemble et se contrôlent mutuellement dans l'objectif ultime de l'équilibre des pouvoirs ; c'est une pratique normale et acceptée dans les régimes démocratiques. Le système de la Françafrique vu du côté Français écarte ou au mieux inféode systématiquement la branche législative qui pourtant est une émanation directe de la volonté du peuple manifestée par des élections des parlementaires au suffrage universel direct, et la branche judiciaire qui est chargée de juger et de sanctionner toutes les dérives du système.

De cette manière, le président de la France, chef suprême des forces armées peut engager celles-ci sans recourir à l'approbation de l'Assemblée Nationale, ceci sur seul avis des dirigeants des grandes entreprises transnationales Françaises au gré de leurs intérêts. En réalité au lieu de « s'inviter » dans la Françafrique, le législatif et le judiciaire, loin d'être « ignorants » préfèrent garder une certaine distance par rapport à la « nébuleuse ». Ces deux autres branches à savoir le législatif et le judiciaire sont à nos yeux complices, co-responsables des actions de l'exécutif.

Le peuple Français (à l'exception de quelques-uns) qui reste souvent cloitré chez lui et regarde sans rien dire quand les enfants de l'Afrique organisent des marches de protestation contre la Françafrique en territoire Français, a une responsabilité morale. Seulement une très infime minorité de Français manifestent ouvertement leur opposition à la Françafrique. Il est ainsi possible de comprendre cette attitude frileuse du peuple Français devant la Françafrique, elle fait vivre directement ou indirectement une grande fraction de la population française.

Qu'ils soient donc de gauche ou de droite selon la dichotomie politique du système Français, les Présidents Français se suivent et se ressemblent dans leurs comportements au regard de la Françafrique qui demeure inchangée alors que eux ils passent, chacun en y imprimant son style et son langage démagogue. Depuis environ soixante années d'indépendance sous la tutelle de la France, les tragédies se suivent et se ressemblent en terres Françafricaines. Après la période des coups d'états, les guerres tribales ou religieuses instiguées se poursuivent avec leurs cortèges de misère et de désolation.

La Françafrique, cynique, implacable et indifférente continue, c'est du « business as usual ». Il faut empêcher dans l'espace Françafricain, l'émergence de tout gouvernement qui va écouter les aspirations légitimes de ses populations par la mise en place de formes organisationnelles qui favorisent et valorisent le développement et la souveraineté. Il ne faut pas irriter et encore moins fâcher les décideurs parisiens de l'organisation monstrueuse et inhumaine qu'est la Françafrique.

Eliminant physiquement tous les vrais patriotes africains de sa sphère de domination, la Françafrique choisit, forme, et « nomme » depuis Paris, des dirigeants Africains qui sont de véritables « traîtres nationaux », redoutables préparateurs et fomentateurs des divisions ethniques et religieuses des populations. En véritables voyous politiques, ceux-ci pratiquent népotisme, corruption, mal gouvernance et impunité sélective pour contribuer à la ruine économique, sociale et culturelle de leur pays respectifs. Pour eux, il faut tout simplement accomplir leur devoir vis-à-vis de la France et de protéger tous ses intérêts. Cette soumission est le gage de leur longévité au pouvoir. Il convient de noter que depuis l'assassinat de Thomas Sankara le 15 Octobre 1987, la Françafrique n'a plus fait recours à l'élimination physique des leaders qui dérangent; on peut donc conclure que la nébuleuse a changé dans une de ses pratiques violentes, elle essaie de polir son image, mais elle reste entière dans ses fondements qui sont la domination et l'exploitation des pays africains.

Schéma de modélisation de la Françafrique

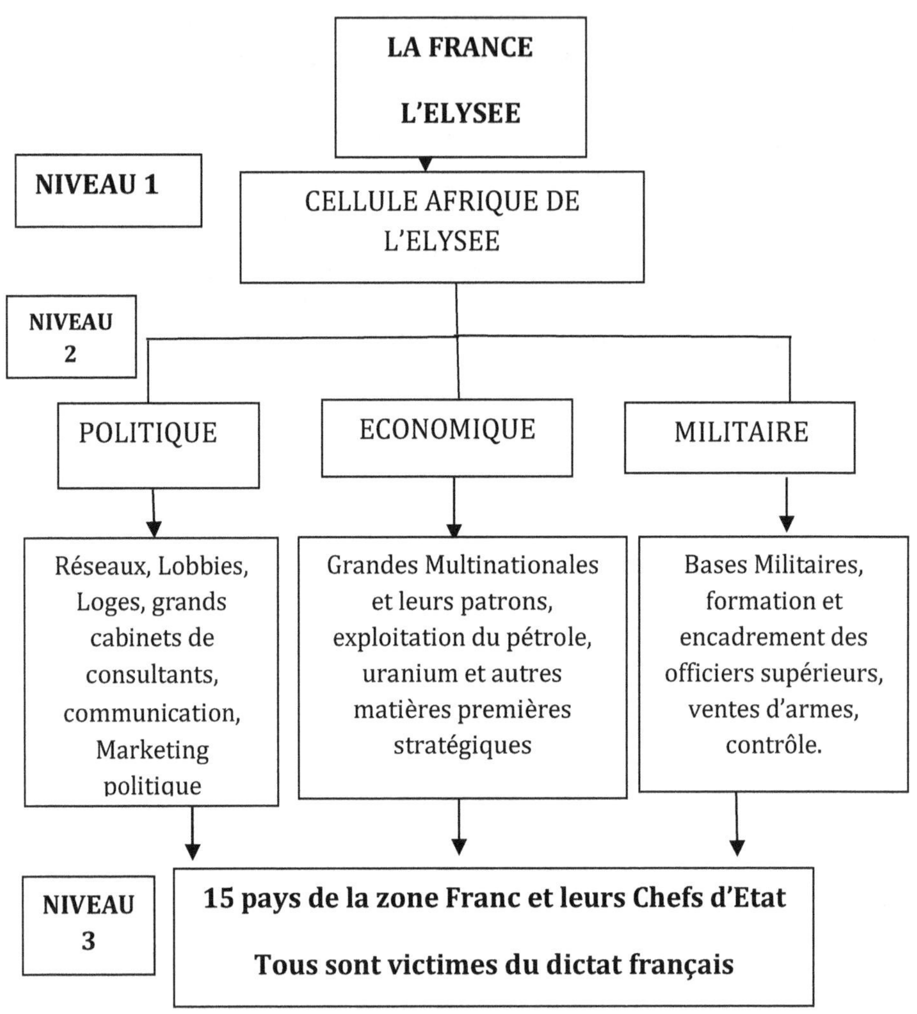

L'analyse systémique de la Françafrique schématisée dans le tableau pré-exposé permet de mettre en évidence les relations qui lient les différents éléments du système et qui établissent sans équivoque leurs interdépendances. L'examen de chacun des éléments de la « Nébuleuse » révèlera comment ils sont liés les uns aux autres, comment ils agissent et réagissent pour le bon fonctionnement de la machine infernale très bien pensée et rigoureusement huilée pour le compte de la France. Trois caractéristiques dominent le système et ce sont : l'opacité de l'information, les crimes dont les Africains sont toujours victimes, et la complicité des régimes africains.

L'opacité de l'information se situe beaucoup du côté de la France dont la population non-initiée ne sait rien sinon que la France fait de grands efforts pour aider le développement de l'Afrique. Notons en passant que cette « ignorance » est renforcée par le silence, le désintérêt ou au mieux les complicités des médias officiels français sur les problèmes touchant l'Afrique et qui ne relayent que ce que l'armée française leur demande de diffuser comme information. Les hommes des réseaux n'hésitent pas à recourir aux crimes qui vont jusqu'à l'élimination physique des personnes qui gênent avec l'aval du niveau 1 et les complicités du niveau 3.

Au niveau 1, nous retrouvons le cœur du dispositif du mal : L'Elysée et le Président de la République Française, qui a pour objectif stratégique national de « *Protéger les Intérêts Supérieurs de la France* ». Cet objectif à lui tout seul contient toutes les façades positives et négatives qui vont sous-tendre les décisions et les actions à mener. Ainsi, au nom des intérêts supérieurs de la France et de son honneur, le Président de la République, avec l'aide et l'appui de la cellule Afrique de l'Elysée, va surveiller les trois secteurs stratégiques qui sont la politique, l'économique et le militaire dans tous les pays qui utilisent cet outil de contrôle qu'est le Franc CFA.

Localisée au lieu appelé « Château » 2, Rue de l'Elysée, la Cellule Afrique en étroite collaboration avec le Secrétaire Général de la Présidence Française joue un rôle actif et très prépondérant dans les choix, le maintien au pouvoir, et le remplacement des Présidents Africains issus du pré-carré Françafricain. C'est au « château » que tout est planifié et mis en application pour la pérennisation de la domination Française sur ses anciennes colonies et territoires sous sa tutelle. Avec l'aide d'experts de tout genre, on y organise des simulations géostratégiques pour faire face à toute éventualité dans les changements de régimes et des personnes à l'intérieur de la zone CFA.

Pour la réussite de la mission de surveillance de ces trois secteurs, la France se dote de tous les moyens en ressources humaines et financières, elle ne lésine sur rien et le Parlement docile et acquis à la cause nationale ne peut que suivre sans rechigner, les contestataires sont peu nombreux et les téméraires se faisant labélisés « traître à la patrie » à travers un discours nationaliste. Entre ces trois secteurs stratégiques, il n'existe pas de cloisonnements étanches, ils se côtoient, se croisent, s'enchevêtrent, se pénètrent mutuellement, se chevauchant parfois pour donner naissance à une fusion totale au sein du maître d'œuvre qui est la fameuse cellule Afrique de l'Elysée, redoutée et qui donne des insomnies aux roitelets des Tropiques.

Ces trois secteurs stratégiques sont sous le haut contrôle de la Cellule Afrique qui doit rassurer le Président de la République quotidiennement. Lui dire que la situation dominante de la France dans ces pays est satisfaisante et se mesure en temps réel, en créant stratégiquement des priorités interchangeables. D'ailleurs, il est fondamental de souligner que le Centre d'analyse stratégique de la France lui donne une position de pays en « conquête ».

Une intervention militaire très humanitaire est montée en République-Centrafricaine, une supercherie politique intervient au Burkina-Faso où le peuple se voit voler sa révolution, soit Mr. Vincent Bolloré qui s'approprie sans partage le contrôle de la quasi-totalité des ports en terre conquise. Les trois composantes du système sont absolument interdépendantes, l'absence d'une seule composante risquant de rendre les autres inopérantes. En effet, à quoi serviraient les bases militaires implantées en Afrique Francophone si ce n'est pour sécuriser les régimes politiques corrompus et si ce n'est également pour favoriser l'exploitation et les pillages économiques des richesses de ces pays?

Tout se tient pour la sauvegarde des intérêts supérieurs de la France qui n'a pas d'amis, seuls ses intérêts comptent. La France dans ce registre n'innove pas dans la mesure où toutes les puissances ont intégré ce comportement dans leurs relations avec les autres. Les pays anglophones de L'Afrique se tirent relativement mieux que les pays francophones, ce qui peut être expliqué par le fait qu'ils n'appartiennent pas à la Françafrique.

Ainsi donc, sous la houlette des Présidents de la cinquième République Française qui se sont succédés, indépendamment de leur appartenance politique, le peuple Français dans sa grande majorité bénéficie de la Françafrique, sans en reconnaître son existence formelle. Selon certaines informations crédibles, lors de la passation de pouvoir en France entre Président entrant et Président sortant le seul dossier faisant l'objet d'une transmission formelle au Président élu serait le dossier ultra confidentiel de la Françafrique et pour cause. L'essentiel de la puissance Française ne dérive-t-elle pas de l'exploitation cynique et continue de la relation qui oblige quinze pays à se soumettre à elle ?

La Françafrique est un code de conduite auquel aucun Président Français n'a jusqu' à présent dérogé. L'Elysée veille scrupuleusement au maintien du CFA dans les pays dominés mais elle fait des déclarations hypocrites à travers les Ministres de la République qui prétendent que la question du CFA n'est pas un tabou, qu'elle est ouverte, qu'elle dépend des pays africains (Mr. Michel Sapin, Ministre des Finances Français en 2016 à Bamako, Mali), disait que bientôt le CFA sera battu en Afrique et que savons-nous encore! Quel «attrape nigaud» pour le téméraire des tropiques qui oserait se débarrasser de cette monnaie.

Bien servis par les exemples du passé, on se souvient que lorsque le président Sékou Touré de Guinée décida en 1958 de sortir de l'empire colonial français et opta alors pour l'indépendance du pays, l'élite coloniale française à Paris s'est indignée, et dans un acte de fureur historique, demanda à son administration alors en place en Guinée de détruire dans tout le pays, ce qui représentait à leur yeux, les avantages de la colonisation française. La

Guinée de Sékou Touré subit les foudres néfastes de la France à la suite de ce « **NON** » historique.

 Le 30 juin 1962, Modibo Keita, le premier président du Mali, décida également de se retirer du système monétaire FCFA. Le 19 Novembre 1968, il fut victime d'un coup d'état mené par un ex légionnaire français des affaires étrangères, le lieutenant Moussa Traoré.

Le président Sylvanus Olympio du Togo fut assassiné pour avoir osé remettre en cause le CFA. Le 13 janvier 1963, trois jours après qu'il ait commencé à imprimer les nouveaux billets de sa monnaie, une escouade de soldats tua le premier président élu de l'Afrique indépendante: Sylvanus Olympio fut exécuté par un autre ex légionnaire français, le sergent de l'armée Etienne Gnassingbé, qui reçut au passage une prime de 612 dollars de l'ambassade française locale pour le succès de sa mission.

Aucun dirigeant africain n'a plus osé se séparer de cette monnaie. Même si aujourd'hui, certains comme Les Présidents Tchadien et Equato-Guinéen Mrs. Idriss Deby Itno et Obiang Nguema en parlent ouvertement et le critique, rien ne change dans les faits. Avec de faux airs de neutralité, l'Elysée ne garantit l'accès au pouvoir en Afrique qu'à ceux à qui elle a donné son aval en leur assurant une assistance militaire pour la protection exclusive des intérêts supérieurs de la France. La dépendance de ces dirigeants par rapport à la France est totale, pour preuve il n'y a qu'à observer l'arrogance et le mépris des membres du gouvernement français y compris même des petits chefs de service des administrations vis-à-vis des potiches. Ce mépris frise même l'infantilisation pure et simple des présidents africains par les commanditaires de la Françafrique.

Transformés en bras séculiers de la France, des dictateurs africains s'éternisent au pouvoir à travers des fraudes électorales très tolérées par la Métropole qui n'a d'yeux que sur le pillage des ressources ainsi sécurisées, tout ceci au grand détriment du peuple paupérisé. Le contrôle de l'Elysée sur ces dictateurs est aussi assuré par des chantages de toutes natures, elle fait planer la menace de la saisie des biens logés en France et matérialisés sous la forme d'achats d'hôtels particuliers à des prix exorbitants, surévalués et qui donnent lieu à des rétro-commissions versées dans des comptes surveillés.

Aussi longtemps que les Présidents Africains restent dociles, aucune dénonciation de leurs exactions ne sera faite à travers les medias contrôlés de l'Etat Français. Silence sur les violations de toute nature, silence sur les crimes politiques et économiques. La presse Française ignora quasiment les massacres de 2008 au Cameroun. Il existe une connexion (entente tacite) entre média et hommes politiques français quand il s'agit de la Françafrique dans la mesure où ils agissent tous de la même manière.

Quiconque tente de ramer à contre-courant court le risque d'être taxé de traître, celui qui veut priver la France de ses sources principales de richesses (africaines) et qui en font une puissance mondiale. Le silence et l'indifférence de la population font de celle-ci un acteur involontaire dans le théâtre de l'exploitation des pays de l'Afrique Francophone sous occupation du Franc CFA. Aucun Président Africain de la Francophonie ne doit tenter de s'émanciper sans la permission de l'Elysée qui par la voie de son Premier Ministre sous le mandat de Mr. Nicolas Sarkozy, Mr. François Fillon, lança un avertissement très peu diplomatique aux autres dirigeants Africains dans le contexte de la crise Ivoirienne de 2010.

La situation médiocre dans laquelle se retrouve en ces années 2017 la presque totalité des pays de la zone Franc (avec quelques variations d'un pays à un autre) n'est pas le fruit d'un hasard ou d'un destin quelconque et encore moins le résultat d'une fatalité. C'est le produit d'une réflexion savamment pensée, c'est le produit d'un calcul précis sous-tendu par une stratégie implacable suivie d'une implémentation sans états d'âme qui a pour objectif ultime contrôle, asservissement, domination et répression.

Pour pérenniser son hégémonie sur les pays Francophones du Sud du Sahara, la France va s'appuyer sur des hommes de mains de très haute facture qu'elle va soigneusement positionner dans la très haute administration et en les nommant à la tête des grandes multinationales françaises directement impliquées dans l'exploitation sauvage des richesses africaines. C'est donc par action directe au niveau 2 de l'organigramme que l'Elysée poursuit son activité illégale et criminelle.

Au niveau 2 qui sert de courroie de transmission entre l'amont et l'aval de l'édifice Françafrique, nous retrouvons la quasi-totalité des grands patrons du monde industriel, de la grande finance, des médias, du pétrole, des mines, des télécommunications, de l'aéronautique…. etc. Tous ces patrons qui dans la vaste majorité des cas sortent du moule de l'Elysée ont, pour la majorité, un parcours académique qui les a conduit à l'Ecole Nationale d'Administration (ENA) ou à l'Institut d'Etudes Politiques de Paris (IEP), deux officines de formatage du patriotisme et chauvinisme Français. Il faut observer l'empressement et la fébrilité avec lesquels les grands patrons des multinationales de la machine Françafrique sont reçus et traités souvent sans avoir pris de rendez-vous protocolaire et d'usage avec les Présidents dans leur palais des Tropiques (Bolloré, Bouygues, Dassault); l'aisance et la désinvolture qui caractérisent leurs relations avec les dictateurs locaux ne peut pas surprendre dans la mesure où ils sont des représentants directs de la France; ils raflent sans concurrence la plupart des grands chantiers de développement, ils gagnent des marchés sans soumission concurrentielle même quand ils sont le moins disant. Ils contrôlent des secteurs aussi stratégiques et sensibles que l'eau, les ports, les chemins de fer, l'énergie.

La collusion du patronat Français avec l'entreprise Françafrique est vitale dans le fonctionnement du système. Les patrons français sont ceux qui veillent, surveillent et alertent le Président français de leurs déboires dans un pays donné et donc menaces sur les intérêts de la France. Le patronat s'assure de la domination Française dans les parts de marché dans les pays où il opère et rassure en retour l'Hexagone sur la bonne santé des entreprises françaises. En situation de quasi-monopole, ce maillon crucial du système participe directement à l'exploitation directe des ressources locales,

Certains patrons des multinationales Françaises ont même acquis la réputation de *Faiseur de Président* grâce à leur relation très personnelle avec le locataire de l'Elysée, quel que soit la couleur politique de l'occupant. Nous citerons pour mémoire Mr. Albin Chalendon à l'époque du gaullisme pur et dur et de Mr. Loïc Le Floch Prigent sous le Président socialiste Mr. François Mitterrand. Ainsi, seront maintenus au pouvoir les chefs d'Etats dociles, ceux qui accordent tous les privilèges aux patrons Français libres de spolier des pans entiers de l'économie au très grand mépris des populations qui par ailleurs ne disposent d'aucun recours.

Aux grands patrons des multinationales viennent se greffer de puissants réseaux et lobbies qui très souvent noyautent et contrôlent les loges maçonniques et rosicruciennes, les plus actives dans les pays d'Afrique Francophone. Ces loges qui affichent des objectifs nobles et axés sur le bien être des humains sont curieusement très vite transformées en repères de « loups » où se côtoient sans distinction des individus au parcours flou et à la moralité très douteuse. Ces loges sont un point de recrutement complémentaire des hommes et femmes de mains acquis à la France, chacun se trouvant en embuscade et dans l'attente de son « heure de gloire ».

On retrouve dans ces loges beaucoup de diplomates et un personnel ayant servi leur pays respectif dans des missions diplomatiques à Paris ; ces fonctionnaires sont dans la plupart des cas reversés dans les services internes des ministères des Affaires Etrangères de leur pays. L'exemple le plus récent est celui du président de Transition Mr. Michel Kafando au Burkina Faso, qui fut réactivé par la France lorsque le peuple vaillant mis le dictateur Blaise Compaoré en fuite. Michel Kafando après avoir été représentant du Burkina Faso auprès de l'ONU, puis Ministre des Affaires étrangères, est *installé* par la France comme Président de transition, en attente du choix de *l'homme qu'il faut* pour servir les intérêts de la France. Ces hauts fonctionnaires ont souvent accès aux dossiers sensibles ou confidentiels; avec les liens opaques de la nébuleuse, leur *rôle* est de surveiller tout; et ils transmettent à l'ambassadeur de France toutes les informations sensibles et susceptibles d'exploitation sur les orientations et les tendances de la politique étrangère de leur pays.

Qui n'a pas vu l'activisme peu diplomatique des Ambassadeurs de France en Afrique ? Certains n'ont même plus la discrétion ni l'élégance et encore moins la réserve qui devraient faire partie de leur comportement ; ils s'immiscent entièrement dans les affaires internes des pays qui les abritent. Nous avons suivi avec ahurissement l'immiscion de l'ambassadeur de la France dans les élections présidentielles en Guinée Conakry, où le représentant français dans cette terre d'accueil avait *intimé* l'ordre au candidat de l'opposition Mr Cellou Diallo d'accepter sa défaite et surtout de ne pas avoir l'idée saugrenue de contester les résultats auprès des institutions légalement mises en place à cet effet. Ceci s'est passé en 2015 dans les élections qui ont opposé Mr. Cellou Diallo à Mr. Alpha Condé vainqueur et préféré de la France .

Ces lobbies exclusivement Français, s'appuient également sur les grands cabinets de consultation en image de communication qui utilisent à bon escient leurs puissants moyens pour mettre en place (et aider à leur prolifération à l'avantage de la seule France), des trafics d'influences, le clientélisme politique et surtout la corruption multiforme au mépris du mérite et de l'excellence. Dans cet environnement nocif, les élites qui sont censées éclairer les peuples sont étroitement surveillées, l'arme sécuritaire et la menace du chômage planent sur elles. On assiste avec tristesse à la clochardisation des élites égarées dans ces réseaux et qui très vite versent dans la corruption. Ainsi fragilisées, elles sont presque toutes récupérées par le système qui les a fabriqué et qui les tient au moyen de pressions diverses, surtout par le biais du chantage. Le recrutement de cette classe de personnes s'étend aussi sur le plan global et particulièrement au sein des institutions internationales des Nations Unies, que sont le Fonds Monétaire International, la Banque Mondiale, l'Organisation Mondiale du commerce, l'UNESCO et autres. Les Africains qui s'y retrouvent font souvent l'objet d'un endoctrinement de la part du tuteur français qui fait miroiter à chacun un soutien pour sa carrière à l'intérieur des Institutions mais aussi leur promettent des avenirs radieux sous les cieux des Tropiques quand ils rentrent dans leur pays d'origine. Une fois de plus, on constate comment le système de la Françafrique quadrille les réseaux, ne laissant pas de place pour une simple dérive politique, économique ou militaire.

A ce niveau aussi, tout est cadenassé, rien n'est jamais accidentel et ce qui arrive a été préparé. La Françafrique est sous-tendue par une politique diaboliquement pensée, crapuleusement mûrie et très méchamment mise en application avec parfois des assassinats qui complètent sans états d'âme ce système odieux.

Au niveau 3, on retrouve les quinze pays de la zone Franc et leurs Présidents, véritables marionnettes et exécutants pleins de zèle. Ces dirigeants africains, dociles comme des caniches dressés, traîtres et fossoyeurs de leurs pays, obéissent à la lettre à toutes les injonctions de la Métropole. Ils vont même jusqu'à libérer des criminels condamnés; qui ne se souvient pas de la libération par Nicolas Sarkozy des français qui enlevèrent des enfants en masse au Tchad ou de la mise en liberté par le Président Biya sur demande de son homologue français Mr. François Hollande, d'une avocate Franco-Camerounaise condamnée au Cameroun par la Cour Suprême. A chaque mouvement de doigts de leur maître Elyséen, ces Présidents sautent et dansent autour de lui, chacun s'efforçant de sauter plus haut que l'autre en espérant capter l'œil bien veillant du maître qui rigole sous cape de cette gesticulation.

Qui ne se souvient pas du spectacle ubuesque et franchement ridicule auquel se livra l'ancien Président du Bénin Mr. Boni Yayi essayant de démontrer à son patron son affliction à la suite des attentats terroristes qui endeuillèrent la France (L'attaque terroriste de Charli Hebdo). Ces piètres dirigeants Africains jouent depuis presque 60 ans leur rôle de Président jusqu'à la caricature. Ont-ils le choix ? Comme très souvent ces Présidents arrivent au pouvoir par les bons soins de leur maître Elyséen, ils jouent leur partition jusqu'au bout sans daigner rendre compte au peuple qui pourtant est leur raison d'être, leurs préoccupations étant désormais centrées dans la protection très vigilante des intérêts français. Presque soixante années après les indépendances, l'Afrique de la zone Franc reste encore dirigée par une bande de traîtres endurcis et corrompus dans la vaste majorité des cas, et qui exhibent parfois des complexes d'infériorité devant leurs maîtres de l'Occident.

Pas de changement réel, pas de signe positif à l'horizon. Ces dictateurs sournois sont appuyés par des « intellectuels braqueurs », ceux- là qui abusent de leur couverture académique et donner leur caution pour valider des régimes totalitaires où très souvent le Président est plus ou moins comparable à un Dieu sur Terre. A la fin de l'année 2016, quelle ne fut pas notre désolation et notre déception lorsque Le Professeur Théophile Obenga, véritable Icône et référence Africaine apporta son soutien au Président Denis Sassou Nguesso de la République du Congo. Comment comprendre le soutien de cet imminent homme à un dictateur aussi désinvolte et aux mœurs politiques et personnelles franchement répréhensibles? Nous reconnaissons la liberté des opinions de chacun, nous nous étonnons cependant du choix exercé par cette éminence intellectuelle africaine.

Dans ces pays, les intellectuels purs, détenteurs de la connaissance et des savoirs justes, dépouillés de tout sectarisme sont pourchassés, harcelés par ces farouches dictateurs qui ne peuvent pas s'en accommoder. Les pays entiers sont transformés en garderies des intérêts de la France qui contrôle soigneusement et à distance tout à travers une politique d'abêtissement collectif dont le but ultime est le maintien du statut quo.

Ce niveau 3 qui représente la partie la plus visible du système de la Françafrique est celui qui met en évidence les différentes interactions entre les masses populaires africaines et les exécutants des ordres issus du niveau 1.

Cette interaction directe entre masses populaires et dirigeants Africains fait de ces derniers les principaux responsables des malheurs qui affligent les peuples depuis plus de soixante années. Tous les régimes des pays de la zone franc, depuis leur indépendance jusqu'à ce jour sont restés sans interruption sous la surveillance de la France, la vaste majorité des hommes qui s'y sont succédés sont arrivés au pouvoir par usurpation toujours manigancée par le niveau 1.

Mis dans la trajectoire présidentielle exclusivement grâce au bon vouloir des maîtres du niveau 1, ces hommes de main de la Françafrique sont parachutés à la tête des Etats sans vision, sans patriotisme, sans personnalité, impréparés à la gouvernance, paresseux et jouisseurs patentés. Ce qui explique le sous-développement chronique de leurs pays. Sous la direction de ces auxiliaires de la Françafrique, des pays aux potentiels énormes sombrent dans la corruption et tous les autres méfaits qui l'accompagnent souvent ; inadéquation dans l'allocation des ressources, accaparement de la richesse du pays au profit du président et de son clan, confusion entre propriété publique et propriété privée, tribalisme, népotisme, le tout culminant par la misère totale des masses qui plongent dans un désarroi existentiel qui s'installe confortablement dans leur vécu quotidien.

Avec le regard apeuré, les populations faméliques croisent celui repus et moqueur de la toute petite classe des privilégiés qui usent et abusent de leur situation. Misère et désolation durables accompagnent le peuple soumis qui subit passivement son sort. L'eau courante est une denrée rare, la fourniture en électricité est incertaine, la mortalité infantile toujours élevée dans des hôpitaux sans médicaments que les privilégiés ne fréquentent pas, car ils utilisent l'argent du peuple pour des évacuations sanitaires. Dans des locaux insalubres, les salles de classes sont surchargées avec des effectifs atteignant souvent 200 élèves par classe. La liste des maux est inépuisable et l'étalage de cette misère est si révoltante dans la mesure où à côté de cette situation désastreuse, on assiste jour après jour à des détournements de sommes d'argent faramineuses. On peut imaginer ce que les fonds détournés auraient pu faire dans la recherche des solutions aux maux que nous avons mentionnés. Est-ce alors la faute à la Françafrique si ces dirigeants ne veulent pas travailler même avec le peu de moyens qui leur sont donnés par le maître de l'Elysée?

La question est tendancieuse et pleine d'embuches. C'est vrai que le système de la Françafrique qui s'accapare d'une très grande partie des richesses des pays africains prive ces derniers de revenus importants, ce qui de facto limite la marge de manœuvre de ceux-ci et leurs capacités à faire le mieux pour le peuple souverain qui aspire au contrôle véritable de sa destinée. En empêchant le peuple de se donner les dirigeants qu'il choisit, la Françafrique reste coupable et largement responsable du retard au développement des pays exploités. La question du minimum que les dirigeants pourraient faire pour le peuple devient secondaire. En fait, à bien y réfléchir, on est enclin à penser que si ces présidents ne font même pas le minimum, c'est bien la faute à la France. Cette question invite à un autre débat.

Ils ne font rien pour le peuple tout simplement parce qu'ils ne tiennent pas leur pouvoir du peuple, ils le savent

;   ils organisent des élections aux résultats connus d'avance et toujours en leur faveur. Si ces dirigeants tenaient leur pouvoir du peuple, alors ils seraient dans l'obligation de lui rendre compte puisque la sanction pourrait intervenir aux prochaines élections. Quel que soit l'angle d'analyse que l'on puisse envisager sur la responsabilité de la France, il est franchement difficile de trouver des circonstances atténuantes à ce pays. La Françafrique, avec tout ce qu'elle a, est *le péché originel*, celui qui contient en lui tous les germes pouvant justifier et expliquer le degré de retard des pays encore victimes de ce système criminel qui a sa forme matérielle sous le nom mensonger de « Accords de Coopération ». Le système de la Françafrique a été conçu pour former des exécutants et non pour permettre l'éclosion de patriotes dont le savoir est libérateur et permet un affranchissement définitif des peuples du maître Français.

CHAPITRE II:
La Françafrique, Un Système Répressif, Brutal et Actif pour conserver une forte emprise sur ses ex-colonies, peu importe comment et peu importe le prix.

Le système de la Françafrique se maintient grâce à l'existence des cercles répressifs qui veillent, surveillent et punissent sévèrement tout «égarement». La décision de l'élimination physique des Présidents qui aspirent à la véritable indépendance se prend vite pour éviter une propagation; l'assassinat de Thomas Sankara en 1987 en est une illustration. La Françafrique est comparable à un cancer dont les métastases irréversibles ont envahi et gangrené les 15 pays de la zone CFA qui dans la vaste majorité, ont perdu toutes leurs défenses immunitaires.

La répression du système

Avec l'appui d'une armée au service du dictateur, les populations sont brutalement soumises ; n'entrevoyant aucune issue de sauvetage, elles sombrent dans une débauche sociale généralisée qui les plonge plus tard dans une attitude de résignation totale. L'armée est l'acteur qui permet cette soumission des populations parce que sans elle, aucun de ces dictateurs ne peut tenir longtemps au pouvoir si le peuple venait à descendre dans la rue. L'armée a une grande responsabilité dans l'asservissement des populations. Il faut d'ailleurs observer le traitement spécial dont bénéficient les officiers supérieurs ; on trouve au Cameroun des généraux plus que septuagénaires qui détiennent encore des pans entiers de pouvoir au sein de la Grande Muette (toutes les armées du monde). Le rythme de vie très élevé et l'étalage insolent des richesses observés chez certains de ces officiers sont choquants. Les armées dans ces pays sont très peu républicaines c'est-à-dire qu'au lieu d'être exclusivement au service des Institutions de la République, elles servent dans la majorité des cas, des individus. Ainsi, l'indifférence et la passivité de nos soldats devant tant de brimades des populations sont pour le moins suspects. L'armée serait-elle aussi infiltrée par la Françafrique ? On serait tenter de le croire mais compte tenu du traitement de faveur dont les soldats bénéficient au Cameroun par exemple, ils n'ont aucun intérêt à voir les choses changées, et le statut quo des dictateurs perdure.

La production intellectuelle qui aborde ce sujet est sous très haute surveillance, les activistes qui veulent abolir le franc CFA sont fichés par les services de renseignements, les visas leur sont refusés même dans les cas d'évacuations sanitaires.

En naviguant la ténébreuse Françafrique, on constate la récurrence d'un même scenario quand on passe d'un pays à l'autre. Les hommes de mains de la France sont en général recrutés à travers des officines bien « assises » et tôt ou tard on finit par les installer au pouvoir avec une mission précise : faciliter, aider ou accélérer le bradage de toutes les matières premières stratégiques ou non stratégiques et plus récemment le bradage des terres arables.

Le paysage est le même dans tous les pays de la Françafrique : un Président adoubé par l'Elysée y trône toujours, appuyé par une armée totalement au service du *Prince* ; des parlements qui ne sont que des chambres d'enregistrement ; un système judiciaire aux ordres du dictateur, très corrompu et dans lequel les justiciables sont dans un désespoir total ; une opposition politique instrumentalisée et fractionnée qui joue le rôle de *l'idiot utile ;* une société civile moribonde et inorganisée, manquant très cruellement des moyens financiers pour fonctionner. Dans ce paysage, personne n'a le courage de parler de la Françafrique, de l'esclavage du franc CFA, du Pacte colonial ou de la révision des Accords de Coopération. Ce sont des sujets tabous pour l'administration, on n'y touche pas quand on a une ambition politique quelconque.

Au mois de Décembre 2013 à l'Elysée et sous le titre pompeux et fallacieux du « sommet de la sécurité et paix en Afrique », le Président François Hollande, en maître absolu des lieux démontre au reste du monde que la France (à travers lui) est et compte rester l'interlocutrice incontournable du continent. Avant de faire l'autopsie de ce grand cirque de la honte, il est utile de se poser au préalable quelques questions simples : Pourquoi des chefs d'Etats et gouvernements du continent Africain prennent part à une convocation du Président français pour discuter de leur sécurité hors de l'Afrique?

Le message symbolique qui se dégage de cette situation est la dépendance et l'incapacité. Selon plusieurs sources d'informations généralement crédibles, il apparaît que c'est la France qui organise toutes les rébellions qui déstabilisent les pays de son champ d'influence. La France peut-elle dans ces conditions être le pays indiqué pour résoudre les problèmes de sécurité en Afrique ? Les pays Africains sont-ils incapables de parler de leur propre sécurité en terre Africaine et d'y apporter des solutions Africaines ? L'absence des moyens de défense efficaces peut-il justifier cette posture Africaine ?

Ce sommet des 6 et 7 Décembre 2013 fut en fait le premier sommet Françafrique organisé par le Président François Hollande dix-huit mois après son accession à la présidence française ; pour donner le ton et imprimer sa marque, il convoque lui-même le sommet en indiquant les dates et lieux et enfin choisit le thème. On ose croire qu'il consulte ses pairs africains ne serait-ce que par courtoisie. Cette méthode de travail, s'il faut encore en douter montre à souhait la marque d'une structure pyramidale au sommet de laquelle trône un maître absolu ; c'est un système basé sur la domination. Rappelons en passant qu'en 1998, un sommet France-Afrique sur la sécurité a eu lieu ; quinze années plus tard, on recommence avec des dictateurs africains incrustés aux commandes de leur pays (les Présidents Biya, Deby, Compaoré depuis chassé du pouvoir, Sassou Nguesso etc.)

Nous sommes curieux de savoir si au début de la rencontre des 6, 7 Décembre 2013, la France avait eu l'élégance et la courtoisie de dresser ne serait-ce que pour simple information pour ses invités, le bilan de ses actions et interventions militaires passées en Terre Africaine, au nom de la paix et de la sécurité ! Si ce bilan fut présenté, nous n'en avons pas eu connaissance ; ce serait par ailleurs surprenant dans la mesure où elle n'a pas de compte à rendre à ses invités. L'armée Française dispose de bases militaires un peu partout en Afrique et elle y poursuit des interventions militaires dont l'impact réel sur la sécurité, la paix et incidemment la démocratie, est peu reluisant.

Si la France, dans toute sa domination ne peut offrir un bilan de ses interventions militaires en Afrique, pourquoi les Présidents Africains ne l'exigent pas ? Ils n'ont pas le courage de poser des questions pertinentes sous crainte d'être indexés et taxés de récalcitrants. Ils ne peuvent pas se permettre de vexer leur maître, bien au contraire chacun d'eux s'efforce d'apparaître comme le *meilleur élève de la France*, une expression jadis utilisée par le Président Paul Biya pendant la mandature du Président François Mitterrand. A l'époque, cette « notion » de meilleur élève fut perçue comme un « lapsus linguae », mais elle traduit de manière frappante la nature des rapports entre la France et ses vassaux Africains, celle « du dominant et des dominés ».

Quand le Président Hollande organise ce sommet, la raison avancée est de trouver des solutions aux multiples questions de sécurité qui se posent à l'Afrique. Ce sommet n'était en rien destiné à trouver des solutions aux multiples problèmes sécuritaires récurrents en terre Africaine pour la simple raison que la solution est connue de tous : il faut que la France cesse de fomenter les troubles à travers des rebellions fantoches qu'elle organise et soutient. Beaucoup d'analystes et géo-stratèges pensent plutôt que le Président François Hollande avait convoqué cette réunion pour recadrer la conduite des responsables Africains et pour renforcer la discipline au sein du groupe qui a pour mission essentielle, la protection exclusive des intérêts Français, bousculés par la Chine.

Quelque soient les gesticulations stratégiques auxquelles le pays de Molière se livre, il ne peut plus tromper les patriotes Africains sur la réalité de ses intentions. La nouvelle génération des enfants Africains a désormais compris que la France est au cœur de tous les troubles que l'on observe ces dernières années dans les pays au Sud du Sahara qui partagent le Français comme langue de communication.

C'est la France qui, pour protéger ses intérêts nationaux essentiellement mercantiles sème panique, violence, viols des mineurs par des soldats et sources de déplacements massifs des populations endeuillées. Le recours systématique à cette stratégie du chaos en Terre Africaine a pour objectif de garantir et sécuriser le pillage des ressources minières. La force des armes est un paramètre constant dans la méthode Française et l'idée de partager les ressources n'est même pas envisagée.

Le recours à l'assassinat systématique des leaders patriotes, résistants et dignes fils de l'Afrique est pratiqué « sans états d'âme » du côté Français ; coups d'états, rebellions fantoches, conflits inter-communautés fabriqués sous le fallacieux prétexte de musulmans contre chrétiens, d'une tribu dominante contre une tribu minoritaire sont utilisés de manière récurrente pour finalement justifier une intervention humanitaire, totalement désintéressée et uniquement salvatrice de l'armée Française en ces lieux déstabilisés sous le regard impuissant des fils de l'Afrique.

La communauté internationale donne sa caution implicite à la France qui agit alors en toute impunité et sous le regard très souvent indifférent du peuple Français qui garde une distance suspecte face aux agissements des dirigeants politiques. La rapidité avec laquelle la France déploie ses troupes en Terres Africaines, l'aisance et la facilité d'obtenir les « mandats » de l'ONU qui lui accorde toute la latitude de conduire seule des opérations militaires en Afrique usant au passage d'abus d'autorité (établissement de facto de base militaire) dans les pays voisins des zones en conflits. Nous citerons en exemple l'établissement de la base militaire à l'aéroport de N'Gaoundéré au Nord du Cameroun en Novembre 2013. C'est une zone frontalière à la République Centre Africaine, un pays qui fait l'objet de toutes les convoitises issues du complot impérialiste contre les Africains.

En effet, tout se passe ici sous une sorte d'entente tacite entre puissances Occidentales et Nord-Américaines, pilleurs en bandes organisées des vastes richesses Africaines. Ils s'entendent et font la « paix » entre eux sur le dos des Africains, et ils délèguent la France pour accomplir le « sale boulot » dans son espace de domination qui est l'Afrique cfa. Le travail ainsi accompli, ces vautours se partagent les gains en s'octroyant des concessions d'exploitations minières excessivement juteuses ou des marchés publics au détriment des peuples opprimés qui croulent sous une misère abjecte.

La part du lion dans ce partage revient d'office à la France qui a bien « mouillé son maillot » dans le processus de sécurisation du pillage. Ils sont tous complices et solidaires (Allemands, Anglais, Belges, Italiens, Américains, Hollandais, Suisses, etc.) et les Institutions internationales valident leurs actes répréhensibles.

Ces pays Occidentaux que nous appelons « amis » nous ont-ils jamais aimés ? En dépouillant nos pensées de toutes émotions personnelles et considérant exclusivement les faits historiques, il est permis de douter de la sincérité de ces pays et de leurs peuples à notre endroit.

Choisis par la France et non par le peuple, les dirigeants des pays CFA sont coupés du peuple. Pour illustrer cette déconnexion, on prendra le cas du Président Paul Biya. En effet, après plus de trente quatre ans de pouvoir absolu au Cameroun, le locataire du palais d' « Etoudi » à Yaoundé, capitale du pays, dans son discours de fin d'année 2013 à la nation Camerounaise, s'interroge sur l'état déliquescent de son gouvernement et pose au peuple camerounais des questions dont le peuple attend les réponses ; en voici quelques-unes : « *D'où vient-il donc que l'action de l'Etat dans certains secteurs de notre économie paraisse parfois manquer de cohérence?* » ou encore « *Pourquoi dans bien des cas, les délais de prise de décision constituent-ils encore des goulots d'étranglement dans les mises en œuvre des projets ?* » ou encore « *comment expliquer qu'aucune région de notre territoire ne puisse afficher un taux d'exécution du budget d'investissement public supérieur à 50% ?* » Il pose des questions alors que le peuple qui l'écoute attend des réponses de lui.

C'est à se demander qui dirige donc le Cameroun? On comprend aisément que le Président ne tient pas sa légitimité de son peuple, par conséquent, il n'a de comptes à rendre qu'à ceux qui l'ont copté et qui le maintiennent au pouvoir de manière ininterrompue depuis 35 ans. Il rend compte à ses maîtres Français, très loyalement et fidèlement, leur accordant tout ce qu'ils veulent, il est d'ailleurs, rappelons le « le meilleur élève autoproclamé de la France ».

Dans les pages qui vont suivre, nous allons examiner les mécanismes qui permettent à la Françafrique de maintenir captifs, sous une forme vicieuse de colonisation des temps modernes, les quinze pays Africains qui la composent.

CHAPITRE III:
Les Accords de Coopération : une continuation vicieuse de la Colonisation

Pour assurer son contrôle total sur la vie des pays qui accèdent nouvellement à l'indépendance, la France va utiliser la méthode forte et amener les jeunes leaders africains à se compromettre et à hypothéquer l'avenir de leur pays par la signature des Accords qui les embastillent et ce faisant annulent dans les faits toutes aspirations réelles et profondes pour leur autonomie. Notre réflexion s'articulera en trois parties : nous passerons en revue le contenu des Accords de Coopération, nous aborderons dans le détail les problèmes techniques du franc CFA, et nous en examinerons les conséquences.

Les Accords de Coopération et le Pacte Colonial : légalisation de l'ignominie contre les peuples.

La décolonisation au Sud du Sahara prend un peu de court la France du Général de Gaulle qui souhaitait plutôt la mise en place d'une communauté Franco-africaine pour transformer en quelque sorte les anciennes colonies en territoires français, ce qui rejetait en fait l'idée d'indépendance. Lorsque la Guinée de Sékou Touré choisit de manière claire la voie de l'indépendance en votant « non » au référendum de 1958, le Général de Gaulle charge son principal conseiller économique Pierre Mendes France de mettre en place un nouvel organigramme relationnel qui devait encadrer les pays qui opteront pour leur indépendance en toute « amitié » avec la France.

Un document au contenu inique fut élaboré par les officiels français avec pour seules variations les dates, les lieux et les signataires. En y apposant leur signature, les leaders indépendantistes des anciennes colonies entrèrent pieds et mains liés dans des Accords de Coopérations qui scellèrent leur destinée, les envoyant tout droit dans la prison économique, militaire, politique et culturelle de la France. C'est la naissance de ce que l'on appelle le Pacte Colonial qui entre autre, créa le Franc CFA et mit en place un mécanisme qui légalisa l'ignominie de la France sur les petits pays en s'attribuant de facto un fauteuil royal à partir duquel elle contrôle la vie économique, militaire, politique, sociale et culturelle de ses anciennes colonies. Que contenaient ces Accords ?

Contenu des Accords de Coopération

1. « Les anciennes colonies doivent payer la dette coloniale à la France pour compenser les bienfaits de cette période et les infrastructures qui y furent construites ». Il est à noter que cette disposition n'est pas une innovation en soi dans la mesure où le pays de Napoléon avait fait payer à Haïti un impôt de cette nature de 1804 à 1947 dont le montant est estimé à plus de 21 milliards de dollars américains.

2. La France devra déterminer les choix politiques, économiques et socioculturels du pays.

3. La France va battre pour le pays la monnaie qu'elle nommera Franc CFA (Franc des colonies françaises d'Afrique) avec obligation pour ces pays de l'utiliser, les frais de fabrication et de manutention sont entièrement à la charge du pays utilisateur.

4. La France va disposer dans son trésor public d'un portefeuille appelé Compte des Opérations dans lequel les réserves de change du pays seront versées. Au départ à 100%, cette part est aujourd'hui à 50%.

5. La France devra orienter la détermination des programmes scolaires à tous les niveaux, et obligation est faite d'utiliser le français comme langue officielle et langue d'éducation dans la diffusion de la culture.

6. Toutes les matières premières stratégiques du pays devront être exploitées en priorité par la France. Dans le cas où la France n'est pas intéressée, le pays pourra trouver un autre partenaire ou l'exploiter lui-même. C'est le droit de priorité totale sur toutes les ressources brutes ou naturelles du pays. La France détient ainsi un monopole contractuel d'exploitation du sous-sol sur un Etat propriétaire du sol.

7. Priorité sera donnée aux entreprises françaises dans les marchés et constructions publiques.

8. Chaque fois que le Président sera débordé par une agression externe ou une rébellion interne, il pourra faire appel à l'aide militaire de la France.

S'il n'est pas dans la capacité de le faire par un quelconque moyen de communication, l'Ambassadeur de France dans le pays peut le faire à sa place.

9. Droits pour la France de déployer les troupes et intervenir militairement dans le pays pour protéger ses intérêts et ses ressortissants en cas de troubles, donc possibilités d'installation de bases et troupes militaires.

10. Droits exclusifs de fournir des équipements militaires et de former les officiers des forces armées du pays.

11. Obligation de s'allier avec la France en situation de guerre ou de crise mondiale, par un vote aligné à celui de la France aux Nations Unies.

12. Renonciation à entrer en alliance militaire avec tout autre pays.

13. Obligation est faite au pays d'envoyer à la fin de chaque année un rapport du solde et des réserves ; sans rapport, le pays peut se voir refuser des avances financières en cas de besoin.

Ceci est l'essence des Accords qui régissent depuis plus de cinquante années la vie de 15 pays en Afrique. En clair, ces pays ne sont jamais sortis de la colonisation, ils vivent depuis toujours dans des territoires possédés par la France. Faut-il en avoir honte ou alors faut-il en pleurer ? Il faut déconstruire cette architecture de contrôle en totalité. La mise en place du Pacte Colonial donna naissance à l'exploitation et au pillage officialisés des ressources de plus d'une dizaine de pays qui désormais étaient sous très haute surveillance à travers un dispositif répressif qui englobait les espaces politiques, économiques, militaires et même diplomatiques.

De facto et bien en dépit des règles d'équité, la France s'est arrogée sans partage ni contestation le titre de parrain unique et à vie, de tous les pays qui constituent la zone CFA. A ce titre, elle officiera désormais comme leur porte-parole informel auprès de l'ONU, la Banque Mondiale, le Fonds Monétaire International, et même de la Cours Pénale Internationale (CPI) bref, dans la totalité des instances économiques, politiques et militaires mondiales

A la veille des indépendances des pays du giron de la France, le Général de Gaulle eut une série d'entretiens avec leurs leaders politiques (Ahmadou Ahidjo au Cameroun, Houphouët Boigny en Côte d'Ivoire, Léon Mba au Gabon...) et leur dit ceci en substance : « *Indépendances contre Accords de Coopération* ». En réalité, ce que l'indépendance donne ou est sensée apporter, les Accords de Coopération le reprennent et le confisquent au seul bénéfice de la France. Le tableau ci-dessous qui indique les dates d'indépendances de ces pays ainsi que les noms des Présidents, attire un certain nombre de remarques :

PAYS	DATES	PRESIDENTS
CAMEROUN	1er Janvier 1960	Ahmadou Ahidjo
SENEGAL	04 Avril 1960	Léopold Sedar Senghor
TOGO	27 Avril 1960	Sylvanus Olympio
BENIN	1er Août 1960	Hubert Maga
NIGER	03 Août 1960	Hamani Diori
BURKINA FASO	05 Août 1960	Maurice Yaméogo
COTE D'IVOIRE	07 Août 1960	Felix H Boigny
TCHAD	11 Août 1960	François Tombalbaye
RCA	13 Août 1960	David Dacko
CONGO	15 Août 1960	Fulbert Youlou
GABON	17 Août 1960	Léon Mba
MALI	22 Sept 1960	Modibo Keita

L'octroi simultané de fausses indépendances et le dispositif de contrôle qui les encadre a un objectif clair. La domination et la subordination de l'époque coloniale vont simplement prendre une autre forme. Les habits neufs de l'indépendance masquent en réalité les oripeaux de la colonisation, les indépendances sont plus théoriques que réelles. La concomitance d'une part des dates d'indépendance des pays énumérés dans le tableau, et d'autre part la formalisation suivie de la signature des Accords de Coopération, démontrent de manière implacable qu'il s'est agit d'un plan vicieux mûrement pensé contre ces pays et dont l'objectif inavoué était de maintenir de façon continue cette partie de l'Afrique sous la domination de la France.   Il ressort des analyses et exposés antérieurs que les Accords du Pacte Colonial assurent dans les faits une place prépondérante à la France dans tous les domaines stratégiques, contrôle des processus politiques, du commerce, de la défense, de la monnaie, de la culture ceci malgré les indépendances. Nous sommes en présence de la confiscation de tous les secteurs importants de la vie d'une nation et de ce qui constitue sa souveraineté.

Les accords militaires, pour ne citer que ceux-ci, contiennent la formation des soldats, l'achat des armes et les recyclages du personnel sont exclusifs â la France qui est libre d'installer des bases militaires et autres équipements de sécurité sur les territoires « conquis ». Cette présence permanente des troupes Françaises par ailleurs très bien formées et sur-équipées dans les territoires, garantit la soumission des dirigeants Africains. En effet, en cas de remise en cause des intérêts français, le président concerné pourrait être débarqué.

Comme si cela ne suffisait pas, le Pacte Colonial, avec toutes les contraintes qu'il impose déjà aux pays africains signataires, avait prévu des clauses qui sont restées secrètes et dont nous pouvons imaginer le caractère hideux qui les entoure et qui donneraient selon certains chercheurs, carte blanche au Ministère Français de la Défense pour ses interventions en territoire cfa, légitimant de facto une forfaiture qui dure depuis presque soixante années. Les tenants de cette idée s'appuient sur l'existence présumée des procurations signées, en blanc, non datées qu'auraient éventuellement remis à la France les dirigeants africains en fonction.

Nous allons examiner comme cas d'école, les Accords de Coopération signés par trois pays de l'Afrique de l'Ouest. Dans ces Accords, des injustices abominables y font légion. L'Accord de défense signé entre la France, la Côte d'Ivoire, le Dahomey (Benin) et le Niger en date du 24 Avril 1961, stipule que la France a la priorité dans l'acquisition de toutes les «matières premières classées stratégiques». Selon *l'article 2* du même accord, «la France informe régulièrement ces pays de la politique qu'elle a l'intention d'adopter concernant les matières et les produits, en tenant compte des besoins généraux de la défense, de l'évolution des ressources et de la situation du marché mondial»

L'article 3 oblige les pays signataires à informer la France des politiques qu'ils comptent suivre concernant les matières premières stratégiques et les produits d'une part, et les mesures qu'ils se proposent d'adopter afin d'appliquer ces politiques d'autre part. Ces pays se trouvent dans une situation ou non seulement ces matières premières et produits ne sont pas leurs propriétés, et si d'aventure ils développent quelques « intentions velléitaires » sur eux, obligation leur est faite d'informer la France.

L'article 5 de ces Accords réserve la primauté de toutes ventes de ces produits à la France et de plus, les pays signataires ont pour obligation d'importer de la France tout ce dont ils ont besoin. On peut nuancer cet aspect aujourd'hui dans la mesure où on observe un processus de globalisation de l'économie mondiale qui a permis l'ouverture de certains marchés non français à ces pays. La France reste dans la majorité des cas le partenaire privilégié de ces pays. Le rapport de force asymétrique qui prévaut ne permet en fait qu'une très faible marge de négociation entre la France et les pays signataires, il reflète simplement la domination du pays colonisateur dans toute son arrogance.

Quel que soit l'angle d'analyse que l'on suit, le contenu du Pacte Colonial révèle à l'évidence que son objectif était le maintien du contrôle et la domination de la France sur les pays signataires d'Afrique. Il donne à la France :

-Le contrôle sans partage des matières premières stratégiques de ces trois pays Africains ;

-Le droit d'implanter ses bases militaires et avoir des troupes qui circulent librement à l'intérieur des territoires ;

-La priorité de tous les achats et équipements militaires est réservée à la France ;

-Le monopole dans la formation des armées et de la police ;

-Le monopole aux entreprises Françaises qui s'octroient le contrôle des secteurs clés tels que l'énergie, l'eau, les ports, les transports, autres énergies… etc

-La possession effective de toutes les réserves en monnaies étrangères ;

En bref il donne tout ce qui est important à la France tel que prévu dans les Accords.

Tout le sous-sol des pays Africains Francophones cfa *appartient* à la France et creuser le sol au-delà de 10 mètres est techniquement «illégal» car vous êtes en territoire Français. Ces Accords qui imposent aussi des restrictions sur les importations et les quantités de produits en dehors de la zone Franc, exigent également des quantités minimes à importer de la France. En matière de commerce intra-africain, on constate l'interdiction plus ou moins déguisée faite aux pays Africains de commercer réellement entre eux. Pour soutenir cette affirmation, nous citerons la non convertibilité entre les CFA de l'Afrique Centrale et ceux de l'Afrique de l'Ouest, ceci est une entrave sérieuse pour le développement des relations économiques entre pays africains voisins.

La France s'est de cette manière réservée l'exclusivité de toutes les richesses agricoles et minières stratégiques de ces pays ; un dispositif de contrôle et de répression est mis en place par la France qui va punir sans façons les récalcitrants, écrasant farouchement toute velléité d'émancipation. Les dégâts directs et collatéraux que le Pacte Colonial inflige aux pays Africains Francophones sont immenses compte tenu de l'étendue des pouvoirs et des positions de domination exclusives qui y sont attachés. Ces dégâts peuvent s'observer dans pratiquement tous les secteurs de la vie de ces pays, et nous en citerons quelques-uns : absence de concurrence réelle dans les économies, les multinationales françaises opèrent dans des situations de quasi monopole ou oligopole dominant, très forte dépendance à la France sur les plans militaires et politiques, contrôle des pans entiers névralgiques et à fort retour sur investissement par des entreprises Françaises qui souvent ne s'acquittent pas des impôts ; nous pouvons citer de manière anecdotique le redressement fiscal que le Président Ali Bongo applique à la société française ELF au Gabon, ou encore les arriérés des impôts de la société française bananière PHP dûs à la commune de *Penja* au Cameroun.

Il s'agit de fausses indépendances contre de vrais Accords. Voilà le marché de dupes qui fut offert aux pays Africains. Ceux qui signèrent ces accords avant l'indépendance de leur pays n'avaient pas reçu mandat des peuples, aucun referendum à notre connaissance n'avait eu lieu. Il est par conséquent permis de penser que les signatures obtenues le furent sur la base d'engagements personnels des leaders de ces pays. Il est également permis de douter que lesdits Accords furent ratifiés en bonne et due forme par des assemblées parlementaires souverainement élues et qui en auraient débattus démocratiquement au cours des séances plénières et ouvertes aux peuples.

Le doute est renforcé quand on sait les conditions qui prévalaient avant les indépendances. Ces Accords qui sont toujours en vigueur aujourd'hui et qui sont renouvelés sans jamais en débattre véritablement dans les parlements (quand bien même ceux-ci sont des chambres d'applaudissements) par ailleurs acquis aux dictateurs, constituent un obstacle majeur au développement des pays africains qui les ont signés. Les préjudices qu'ils causent à la souveraineté des Etats sont nombreux.

La signature de ces Accords peut s'expliquer et se justifier par l'absence d'une élite politique locale bien formée, éclairée et prête à assurer la relève du colon dans tous les secteurs de la vie du pays à cette époque. Nous voulons naïvement croire que les Accords auraient été très bénéfiques s'ils se préoccupaient de la formation et l'assistance aux nationaux et non pas pour verrouiller toutes aspirations légitimes des peuples à l'indépendance de la part des Africains. La France ne clame-t-elle pas sa générosité dans ses relations internationales ? Par ailleurs, l'existence des clauses secrètes dans ces Accords ne laisse aucun doute quant au caractère répréhensible de leur contenu. Pourquoi et comment des clauses secrètes peuvent-elles servir de base légale pour des interventions militaires de la France en Afrique ?

Il est possible pour les Africains de dénoncer et attaquer ces Accords.

Il y a matière à réfléchir et à s'inquiéter ici dans la mesure où le Parlement Français est parfois tenu dans le flou par l'Elysée quant à la nature et au contenu des clauses secrètes. Seuls quelques membres de la « cellule Afrique » émanation directe de l'Elysée et animée à son origine par Mr. Jacques Foccart seraient souvent au fait de toutes les *magouilles* classifiées sous le sceau secret et défense. Dans cet environnement marqué par la forte domination de la France, la question de la monnaie est centrale.

La Création du franc cfa

Pour mettre en œuvre sa politique de domination, la France crée le 25 Décembre 1945 le Franc CFA et le fabrique à Chamalières près de la ville de Clermont Ferrand. Il regroupe quatorze pays Africains plus les Comores qui forment le 15ᵉ pays de la zone CFA.

Au lendemain des indépendances, au départ de leur vie comme pays souverains, par naïveté ou par oubli, un domaine fondamental, celui de la monnaie échappe aux pères fondateurs de l'Afrique Francophone au Sud du Sahara qui ont accepté le *subterfuge* de la France. Usant du CFA, la France s'installe au cœur du dispositif monétaire de ces pays, et comme un parasite, elle organise, entretient et perpétue depuis ce temps sur les pays de la zone franc la plus grande escroquerie monétaire et financière de l'histoire. Nous allons étayer nos propos en présentant les faits, la brutalité du système, et ensuite analyser le dispositif de contrôle et de répression qui constitue l'instrument critique de domination et de soumission des peuples victimes, et enfin nous évaluerons les conséquences sur les économies de la zone Franc. Comment ces pays ont-ils abandonné un aspect si important de leur vie comme nation ? Un sujet aussi politique et touchant à la souveraineté d'un Etat peut-il être ignoré par des leaders politiques ?

Les faits :

La monnaie occupe une place stratégique dans l'existence et la vie d'un pays. Elle occupe une place centrale dans le processus de développement et les activités y afférentes ainsi que dans l'ordre social. En effet, l'importance de la monnaie dans la vie des nations est révélée et évidente du fait que, dans l'histoire des nations et de l'humanité il est à ce jour difficile, sinon impossible d'identifier une modification sociétale décisive à laquelle l'influence de la monnaie et de ses autres dérivés n'ait été associée. La monnaie relève de la compétence exclusive du Gouvernement qui émane du peuple, ceci est vrai pour tous les pays du monde qui sont indépendants à l' exclusion des pays Africains de la zone Franc. Il convient de préciser à ce niveau que le fait d'avoir une monnaie commune n'est en rien préjudiciable tant que sa gestion et son contrôle sont aux mains des décideurs légaux et capables de mener une politique responsable.

A l'origine, 100f CFA valaient 1 Franc Français. Depuis le 1er Janvier 2002, les billets en Euro sont introduits dans douze pays de l'Union Européenne parmi lesquels la France et les CFA s'échangent désormais à 1€ contre 655 CFA, un taux d'échange arbitrairement fixé par la France qui prétend ainsi garantir la convertibilité du CFA. Non seulement le CFA fut imposé aux pays Africains, mais en plus il draine derrière lui plusieurs contraintes qui pèsent lourdement sur leurs économies. Ces contraintes se manifestent à travers les quatre principes suivants :

Principe de la centralisation des changes, toutes les réserves en devises sont déposées auprès du Trésor français à concurrence de 50% aujourd'hui.
Principe de la parité CFA/EURO, 1 Euro vaut 655 Francs CFA, parité fixe
Principe de la convertibilité du CFA, possibilité d'avoir d'autres devises à travers l'Euro.

Principe de la libre transférabilité des capitaux de la zone CFA vers la France, l'argent gagné en Afrique est librement rapatrié vers la métropole.

Le Professeur Nicolas Agbohou montre que le principe de la centralisation des changes a une origine nazie. Utilisant des exemples simples, l'auteur de « La Grosse Arnaque » montre comment la France spolie les pays Francophones encore sous giron. En effet, quand l'un de ces pays exporte pour une valeur de 4 milliards en Euro par an, la France retient automatiquement la moitié soit 2 milliards comme la contrepartie des garanties qu'elle accorde à ce pays. Le pays exportateur va garder 2 milliards, soit 50% de ses exportations. C'est une règle qui s'applique rigoureusement à tous les pays de la BEAC (Banque des Etats de l'Afrique Centrale) et de la BCEAO (Banque Centrale des Etats de l'Afrique de l'Ouest). De ce mécanisme, il estime que plus de 10 000 milliards de CFA sont indûment retenus sur les exportations de ces Etats Africains. Quel « manque à gagner ». Imaginons ce qui pourrait être réalisé par ces pays en termes d'investissements en infrastructure, dans la santé, dans le social, dans l'éducation, ou dans le secteur de l'agriculture.

L'utilisation des réserves auprès du Trésor Français est conditionnée par l'achat exclusif des produits Français premièrement et exclusivement avec l'autorisation de la France. On n'est pas loin de déduire après cette analyse que les Africains des pays de la zone Franc travaillent gratuitement pour la France, c'est de l'exploitation esclavagiste ou le pillage pour les politiquement corrects. Reconnaissant la « générosité humaniste » de la France, un regard depuis 1945 montre que la France a positivement évolué et elle s'est montrée de moins en moins gourmande avec ces pays.

En effet, de 1945 à 1973, les pays de la zone franc devaient déposer 100%, c'est-à-dire toutes leurs devises d'exportation auprès du Trésor Français. Depuis 1973, ce pourcentage passe à 65% et en 2005 au mois de Septembre, c'est 50% des devises d'exportation qui doivent être déposées auprès du Trésor Français dans le fameux Compte d'Opérations.

Alors de quoi peuvent-ils se plaindre, ces *ingrats* Africains ? La France n'a-t-elle pas suffisamment prouvé sa générosité en passant de 100% à 50% en 60 ans de domination et de contrôle ? Etait-elle obligée de faire preuve d'autant de générosité ? Les pays de la zone Franc doivent être patients et dans les 60 années prochaines, on peut espérer que la France leur accordera le droit de garder la totalité de leurs recettes d'exportation en devises, s'exprimait ainsi Monsieur Leblanc, un coopérant en service dans une administration des Tropiques. Ceci est une conversation imaginaire avec son ami Sénégalais. Cynisme ou honnêteté ? Chacun y verra ce qu'il veut, quant à nous, il y a ici de bonnes raisons d'entrer dans une colère légitime.

Le comble de cette situation pour le moins ubuesque soit-elle, est le zèle qui caractérise certains dirigeants de l'Afrique francophone qui vont jusqu'à déposer 90% des avoirs auprès du Trésor Français même quand celui-ci exige 50%. Le but recherché par ces dirigeants serait selon certains analystes, de prouver leur soumission totale au dictat Français qui en retour de leur loyauté vis-à-vis de la France garantira leur longévité au pouvoir.

Ceux qui donnent plus que les 50% requis de leurs avoirs au Trésor Français (privant leurs populations des bienfaits qui pourraient découler de l'usage judicieux de ces sommes) espèrent rester aux commandes de leur pays même quand ils tuent, massacrent leurs populations. On pourrait trouver ici l'explication de certains silences de la France et de ses amis Occidentaux sur des faits inacceptables commis par certains dirigeants issus de la Françafrique. Ce mutisme sélectif pourrait aussi être utilisé comme arme de chantage ou comme moyen de contrôle et de pression sur les leaders Africains.

La brutalité du système cfa

Le secret et le mystère qui entourent le Compte d' Opérations auprès du Trésor Français est consternant ; ce compte est bloqué et le pourcentage de retenue est officiellement fixé à 50% des avoirs extérieurs des pays qui utilisent le CFA. Les implications sur les pays de cette zone sont multiples et dans la majorité des cas très contre productives dans le contexte de développement de ces pays qui utilisent cette unité monétaire. Ils n'ont pas un accès direct aux marchés internationaux, là où on peut lever des fonds pour financer de véritables projets de développement qui seuls peuvent favoriser l'émergence effective.

Les banques et le système bancaire sont ensuite pris d'assaut par les prédateurs qui dans tous les cas de figure contrôlent les capitaux et orientent les politiques de financement des économies. Ces banques ne financent les entreprises locales que très faiblement malgré les positions de surliquidités qui sont courantes, ce qui est étonnant dans des pays où tout est à faire. Les bénéfices dégagés dans le secteur bancaire sont rapatriés en direction de la Métropole, sans contrôle puisque les rapatriements ne transitent pas par la Banque Centrale ; le taux de réinvestissement des bénéfices n'atteint même pas 5 % selon les chiffres des autorités. Ces banques dont les capitaux sont détenus au moins à 50% par les maisons mères en France, participent très peu au développement du tissu économique et industriel des pays africains. Faut-il encore s'en étonner ?

Consciente des obstacles associés à sa politique de contrôle monétaire des pays de la zone Franc, la France, au mépris de tous les critères discriminants et de bon sens, décide d'amalgamer les 15 pays en les fondant dans une masse économique agrégée qui ne tient pas compte des spécificités économiques, sociales et culturelles de chaque pays. En fait, la France veut se simplifier la tâche en mettant dans son Compte d'Opérations tous les revenus, dans les pourcentages autorisés de ces pays. Tous dans le même sac, on peut mieux les contrôler comme un tout, ce qui est très préjudiciable pour les économies plus disciplinées. « On s'en fout » vous serez tous solidaires les uns des autres, peu importe les performances individuelles des Etats, qu'ils soient déficitaires ou excédentaires.

Bien en possession des réserves des pays Africains, la France effectue à son propre nom des placements privés à la bourse de Paris et dégage de gros bénéfices estimés à plusieurs centaines de millions d'Euro. En principe, la France est sensée reverser aux banques centrales de ces pays, des intérêts au taux de 1,5% mais, arrogante et méprisante, elle ne respecte même pas ses propres règles.

On peut constater ici que la BEAC et la BCEAO ne sont Africaines que de nom, elles ne savent même pas ce qui leur est dû, elles n'ont pas de politique monétaire propre dans la mesure où elles ne font que suivre les directives de Paris, et elles ne savent même pas quel pourcentage des recettes issues des placements boursiers leur revient comme groupe, encore moins individuellement.

Pire, ces gains d'investissement qui sont supposés s'ajouter aux réserves des pays auprès du Trésor Français ne sont pas traçables par une comptabilité régulière et aucun rapport à ce sujet n'est adressé ni aux banques, ni aux Gouvernements Africains. Seul un cercle restreint des cadres du Trésor Français ont connaissance de ces faits mais ils sont tenus par le secret, ne jamais communiquer ces informations aux pays et à leur banque centrale : on a l'impression d'être en présence d'un système mafieux digne de la lointaine époque du grand gangstérisme financier des Etats.

Comme si cela ne suffisait pas, la France, dans le cadre exotique de l'aide publique au développement, prête aux pays Africains leur propre argent qui doit lui être remboursé aux taux d'intérêts négociés entre 7% et 8%. On frise ici un crime financier. Voici de manière simplifiée le démontage du dispositif d'escroquerie. Sans Etats d'âme, la France oblige les pays à déposer 50% de leurs recettes d'exportations auprès du Trésor Français ; elle opère des placements avec ces fonds qui produisent de grands profits à la bourse ; elle confisque tous les profits en refusant de les reverser comme convenu par ses propres règles aux pays Africains.

Elle est forte la France !!! Elle intimide, elle vole, elle menace, elle pille et dépouille les pays de la zone CFA qui croulent sous le poids d'une dette qui n'en est pas une et qui vont mendier les miettes auprès d'Institutions Internationales. Privés de la moitié de leurs recettes d'exportations, ils sont limités dans leurs ambitions et dans les politiques de développement susceptibles d'améliorer les niveaux de vie de leurs populations.

Beaucoup de projets sont ajournés, les gens restent dans la misère sans espoir d'améliorations crédibles. Ils ploient sous le travail difficile et la perspective de jours meilleurs n'est pas à l'horizon à cause d'un système d'une brutalité inouïe. Nous sommes ici en présence d'une injustice qui n'a que trop duré mais qui va perdurer si rien n'est fait. Pendant combien de temps encore les Africains vont accepter cette situation scandaleuse ? Il est urgent de rechercher des voies de sortie pacifiques pour éviter tout risque d'explosion.

Le dispositif de contrôle: instrument critique de domination et de soumission des peuples victimes.

Le caractère parasitaire de la France sur tous les pays de la zone Franc et le contrôle qui en résulte fut favorisé par la naïveté (ignorance) des pères fondateurs des indépendances en Afrique. Ceux-ci crurent au mensonge de la France (de Gaulle) qui leur avait promis un sort meilleur dans leur décision de rester avec elle. Usant de subterfuges divers, la France profite de la situation pour s'installer au cœur du système monétaire des jeunes pays pour asseoir un contrôle rigoureux sur eux.

- Le contrôle du franc CFA est resté jusqu' à la rédaction de cet ouvrage, physique et matériel dans la mesure où tous les pays de la zone Franc en Afrique ne battent pas leur monnaie, ils ne disposent ni de la technique, ni des machines ; par ailleurs ils ne disposent d'aucun pouvoir pour en fixer les quantités, tout est fait et décidé en France, les seuls apports des pays Africains sont purement cosmétiques, se limitant à la personnalisation des coupures dans leur design afin de différencier le CFA du Cameroun de celui du Gabon ou du Congo.

A l'aide d'un tapage médiatique bien relayé en Afrique à travers Radio France Intoxication, RFI faussement appelée Radio France International ,l'ex-Ministre Français Mr. Michel Sapin déclare lors de son passage en Afrique en Mars 2017, que le CFA est la monnaie des africains et que bientôt ces derniers le fabriqueront désormais sur leur territoire. Il a fallu de cette annonce pour que tous les défenseurs de cette escroquerie lancent des cris de joie. On peut délocaliser la production de la monnaie mais on conserve tous les leviers de contrôle et de gestion de celle-ci, la forme change mais le fonds demeure le même, la France n'est pas prête à desserrer son étau, le contrôle de cette monnaie est un instrument trop précieux et on ne peut pas s'en séparer aussi facilement sans avoir mis en place un autre mécanisme de remplacement plus discret et plus subtile.

- Le contrôle administratif et statutaire est celui qui se fait au moyen de l'organisation et du contrôle du processus de décision des conseils d'administrations des Banques Centrales (BEAC et BCEAO).

La BEAC et la BCEAO sont administrées par des Conseils d'Administration dans lesquels siègent, je dirai même trônent des Français ! Que font des Français à l'intérieur des Conseils d'Administration des Banques Centrales des pays « indépendants » ? Pouvons-nous imaginer les africains siégeant au Conseil d'Administration de la Banque de France ? La réponse est simple et peut « logiquement » se justifier : le CFA étant une propriété exclusive de la France qui en tant que tel le fabrique, le transporte pour l'exportation et le distribue, il est « normal » qu'elle se rassure de son bon usage en terre Africaine. Donc, si la France est présente aux Conseils d'Administration des Banques Centrales Africaines, c'est pour surveiller sa propriété.

A la BEAC, le conseil d'administration est constitué de 13 personnes donc 10 ressortissants des pays de la zone CEMAC et 3 « braves » Français. En surnombre, les 10 membres de la CEMAC devraient avoir le pouvoir de décision si on considère les usages dans ce domaine. Cette règle de la majorité ne s'applique pas. Au Conseil d'Administration, la France dispose d'un droit de véto et aucune délibération ne peut se faire en l'absence d'un administrateur Français. Le dispositif statutaire de la BEAC prévoit que c'est le Conseil d'Administration qui décide du montant des sommes affectées au développement d'un pays donné. En réalité, c'est la France qui décide parce qu'elle contrôle le Conseil d'Administration avec son droit de veto. Pouvons-nous imaginer à l'inverse deux ou trois représentants des pays de la zone CFA ayant droit de veto à la Banque de

France ? Peut-on imaginer, même dans un rêve fou des Chinois siégeant et disposant d'un droit de véto dans le Conseil d'Administration de la Fédéral Reserve ? (Banque Centrale des Etats-Unis).

Quand on connait le manque de crédits dont sont victimes les économies de la zone, n'est-il pas légitime de dire que la France sous-développe ces pays. La présence de ces administrateurs Français au sein du Conseil d'Administration de la BEAC est très oppressive et suffocante, elle est une atteinte grave à la souveraineté des Etats. Le rôle de ces administrateurs s'étend aussi à la surveillance des cadres Africains patriotes et récalcitrants ; quand ils sont détectés et dénoncés, ils sont fichés et écartés des instances de décision, victimes expiatoires de leur témérité.

 Par ailleurs, et au plan gouvernemental, tous les ministres des Finances des pays de la zone franc doivent tous se rendre, tous les ans en France et recevoir le même jour, au cours d'une séance de travail, les objectifs que fixe le Ministre Français des Finances pour eux. Cette rencontre annuelle obligatoire remplit le point13 du Contenu des Accords de Coopération. Ce contrôle vicieux que la France exerce sur ces pays s'étend même dans la sphère académique dans la mesure où, dans la vaste majorité des universités de la zone Franc, les facultés des sciences économiques dispensent tout sur la monnaie mais évitent ou oublient d'enseigner sur franc le CFA ; on va même jusqu'à retirer la parole aux universitaires récalcitrants qui décrient cette escroquerie mais on donne une plateforme à ceux d'entre eux qui font l'apologie de cette fraude. On retrouve dans cette situation, le point 5 du Contenu des Accords de

Coopération qui étend le contrôle de la France sur les systèmes éducatifs des pays.

Au Cameroun on disperse à la matraque des jeunes patriotes qui dénoncent le franc CFA quand ils organisent de simples marches pacifiques ; tandis que le Sénégal dont le Président Macky Sall est pro CFA, laisse les jeunes protester pacifiquement contre cette monnaie.

Les conséquences :

Bien que tous les deux soient situés à la lisière du champ économique, les contrôles politiques et militaires de la France sur les pays de la zone Franc complètent de manière redoutable l'arsenal dissuasif et coercitif Français. Encourageant la fraude électorale au bénéfice des candidats qu'elle aura copté pour l'exercice du pouvoir politique, la France organise les *holdups* politiques en Afrique sous l'œil menaçant de ses soldats installés dans des bases militaires (Gabon, Tchad, Dakar, Djibouti), prêts à intervenir pour protéger et sécuriser des leaders mal élus et entièrement à leur solde. La vérité réside plutôt dans la sécurisation des français et des intérêts de la France, ce qui correspond aux points 8 et 9 du Contenu des Accords de Coopération. Ces deux aspects (politiques et militaires) qui seront abordés plus en détails dans les pages qui suivront, conditionnent de manière significative le développement économique des pays de la zone Franc.

Le *nazisme monétaire* que la France applique à la lettre aux pays Africains depuis 1945 sans discontinuité jusqu'à ce jour, a eu pour effet direct, le ralentissement du développement économique des jeunes nations. Nous ne souscrivons cependant pas aux théories qui attribuent tous les retards de développement des pays de la zone CFA à la France. La monnaie n'est pas exclusivement un sujet technique, elle est avant toute chose un sujet politique qui touche la souveraineté directe de chaque Etat. En subissant la domination du CFA, les pays Africains de la zone Franc avaient renoncé de manière directe à leur véritable liberté. Comment dans ces conditions peuvent-ils aspirer véritablement à une indépendance économique ? En renonçant à un aspect fondamental du triangle de souveraineté nationale qui se matérialise dans - Défense- Monnaie- Constitution, l'incapacité à battre sa propre monnaie et d'en contrôler tous les leviers, affecte négativement la capacité de chaque Etat à assurer sa défense ce qui peut fragiliser la stabilité des Institutions et peut rendre les constitutions très malléables.

Il n'y a pas de véritable politique de défense pour un Etat qui n'a pas de souveraineté monétaire ; ces pays sont structurellement vulnérables et exposés à toute « petite » rébellion qui les déstabilise avec une facilité déconcertante (cas du Mali et de la Centrafrique). Quand on bat sa monnaie et qu'on la contrôle, on peut se donner les moyens pour assurer la défense et la stabilité du pays.

En utilisant une monnaie qui n'est pas la leur, ces pays acceptent toutes les conséquences qui se rattachent à ce genre de décision. Ainsi, à travers le Compte d'Opérations auprès du Trésor Français, les pays de la zone Franc thésaurisent auprès de cette institution des centaines de milliards et se contentent de la rémunération misérable de 2% des intérêts. Ces pays ont des centaines de milliards qui dorment dans les caisses de la France qui est de par cette position un rentier financier alors que des centaines de milliers d'enfants meurent en Afrique faute de soins de santé primaire. Ces avoirs, propriétés légitimes des africains *dorment* dans les coffres du Trésor Français, constituent un frein au développement des pays de la zone Franc.

Les banques locales ne font pas de crédits à l'économie comme il se doit à cause de la politique de restriction monétaire imposée par les administrateurs français qui siègent dans le Conseil d'Administration des banques centrales régionales ; elles ne participent pas à la création monétaire, le multiplicateur de crédit est très faible, on vend moins à l'étranger car on ne peut pas produire faute de crédits d'investissement, très peu de devises étrangères sont collectées ce qui renforce la faiblesse de la création monétaire (car les devises étrangères issues des exportations sont reversées à la banque qui les transforme en monnaie locale qui sera réinjectée dans l'économie).

En acceptant de « donner » leurs avoirs à la France, les pays de la zone Franc renoncent à la création monétaire et donc à leur pouvoir de maîtriser leur destin économique faut-il encore le rappeler. En faisant signer des accords exclusifs aux pays Africains, de Gaulle a simplement vassalisé ces derniers de la même manière que l'Allemagne nazie fit à la France et à tous les autres pays qu'elle avait occupé pendant la seconde guerre mondiale. Cette vassalisation obligeait les pays occupés à exporter leurs produits vers l'Allemagne qui, en retour, créditait leur compte d'un signe plus (+) sans qu'il y ait déboursement monétaire.

Les pays de la zone Franc, aujourd'hui encore, exportent leurs produits vers la France qui en contrepartie marque un plus (+) dans leur comptes. Parce que la vaste majorité des pays de la zone CFA n'accordent pas aux questions monétaires l'attention qu'elles méritent, ils infligent inconsciemment à leurs jeunesses des misères dont les conséquences se perpétueront sur les générations futures. Pourtant, de quelles richesses ou ressources l'Afrique en générale ne dispose-t-elle pas ? Une terre fertile, un sous-sol abondamment généreux, une population jeune et vigoureuse. On voit une partie de cette Afrique se détruire au jour le jour, qui mendie, qui se déchire et qui refuse encore obstinément de prendre en charge sa propre destinée afin de donner au reste du monde ce qu'elle a de bon et de noble : sa chaleur accueillante, sa force paisible et tranquille, son humanisme, sa riche culture diversifiée et surtout l'amour, le dialogue et la tolérance qui font d'elle le berceau de l'humanité.

L'Afrique Francophone a vendu au rabais le respect auquel elle avait droit, elle a hypothéqué son devenir en rendant son avenir incertain. Désabusés, ses fils déchantent et perdent tous repères, bref certains n'y croient presque plus. Ils ont commencé à perdre confiance en eux-mêmes et renoncent à l'espoir qui en fait ne semble plus permis. Peureux et tremblants, ils sont devenus leur propre ennemi, très passivement et docilement, ils continuent de rêver leur vie au lieu de vivre leurs rêves. J'accuse les intellectuels Africains qui ont démissionné, j'accuse les hommes politiques vendus, j'accuse la jeunesse qui a peur de se sacrifier, j'accuse aussi la France et ses relations iniques avec nous…. La rupture est possible, à nous de choisir.

CHAPITRE IV:
L'Inévitabilité d'une Indépendance Monétaire

Les violences monétaires que la France inflige aux pays Africains de la zone Franc sont quotidiennes et font saigner d'indignation les cœurs des hommes intègres. Le Franc CFA qui puise toute sa force dans les mécanismes mafieux du Compte d'Opérations est une tragédie financière pour ces pays où les pouvoirs passent et se succèdent contrairement aux intérêts de la France qui demeurent intouchables. Quiconque essaie de changer ce statut quo devient automatiquement l'ennemi de la France. Dans leur pays respectifs, chacun en son temps et à sa manière, l'histoire rappelle à ce sujet les sorts tragiques sur lesquels méditer. Sylvanus Olympio, Modibo Keita, Ange Felix Patassé et plus récemment Laurent Gbagbo qui, aux dires des sources fiables et concordantes, avaient voulu remettre en cause les intérêts de la France.

Le bon Africain est celui qui signe sans les comprendre des accords de partenariat qui lui sont toujours défavorables ; le bon Africain est celui qui renonce à sa souveraineté et qui pour rien au monde ne s'évertuera à soulever de « vrais problèmes » sur son avenir et ne remet pas en cause la longue amitié et la fraternité de dupe entre la France et son pays : tous ceux qui s'interrogent et veulent savoir, n'intéressent plus la France qui les classifie comme *ennemi objectif.*

Quand un pays de la zone cfa exporte son pétrole ou autres matières premières, il est payé en dollars. Or le dollar ne s'utilise pas directement : il faut aller au Trésor Français qui retient d'office 50% et, contre les 50% qui restent il va imprimer le CFA qu'il remet au pays exportateur. Comme nous l'avons dit, toutes les devises des pays de la zone Franc sont versées à la France ; ce qui du coup prévient tout processus de création monétaire et donc rend ces pays incapables de financer leur économies conformément à leurs objectifs de développement et de croissance.

La non convertibilité du CFA entre BEAC et BCEAO fait que la France décide de cloisonner ces économies pour mieux les contrôler, empêchant ou pour être plus « tendre » limitant très sévèrement les échanges commerciaux entre ces deux zones pourtant cfa. Cette non convertibilité constitue un handicap majeur à la promotion de la coopération Sud-Sud sur laquelle repose pourtant leur avenir économique et par conséquent leur développement. La conséquence directe est le très faible niveau d'échanges commerciaux interafricain qui se situerait selon certains experts entre 5% et 10% du volume des échanges. La centralisation des changes en France est un obstacle pour ces économies Africaines qui faut-il le rappeler, ont déjà 50% de leur argent retenu dans des coffres de la France. Comment ces pays peuvent-ils se développer quand c'est la France qui décide à leur place ? Que fait l'argent de ces pays dans les poches françaises ?

Pourtant, la coopération inter Africaine peut être très rentable pour ces pays car elle met en action des synergies économiques, sociales, et culturelles parce que ce sont des pays qui ont des outils de production comparables qui établissent des transferts équitables d'un pays vers un autre. Le commerce inter Africain met ensemble des économies qui se ressemblent ce qui annule les asymétries de production présentes dans les échanges avec des pays plus développés, facteurs qui défavorisent les pays Africains face aux pays développés qui ont des moyens de production largement supérieurs et sont par conséquent plus performants et plus compétitifs.

La fixité de la parité du franc CFA 655 CFA = 1€ traduit en réalité l'exploitation très au rabais des ressources naturelles dont regorgent les pays de la zone Franc qui sont ainsi dévalisés en permanence de leurs richesse réelles, ce qui leur garantit un appauvrissement inéluctable qui s'étale dans le temps. Cette situation d'exploitation continue est facilitée par l'existence des mécanismes entre le Trésor Français et les Banques Centrales Africaines qui, par simples jeux monétaires assurent des transferts énormes de richesses véritables vers la France à un prix dérisoire, un Euro achète décidément beaucoup en zone CFA.

A l'International, le franc CFA n'est pas convertible, il n'est même pas accepté en France dans les officines qui pratiquent le change, alors que la France en est le propriétaire ! Le franc CFA du Sénégal n'est pas accepté au Tchad (cloisonnement de la BEAC et de la BCEAO) alors que ces deux pays appartiennent à la même zone monétaire. Présentez vos CFA à un guichet de change dans le monde et vous verrez le regard interrogatif des agents de change. Vous en aurez pour votre fierté.

Il s'agit donc d'un mensonge grossier lorsque certains économistes du Dimanche affirment sans rire dans les antennes de radio et de télévision que la France accorde sa garantie en ce qui concerne la convertibilité du CFA. Quelle garantie la France peut-elle donner, dans la mesure où elle ne dispose d'aucun pouvoir pour battre des Euros? C'est en Allemagne que sont fabriqués les Euros, ce qui objectivement établit l'inaptitude statutaire de la France. La France qui est au cœur du dispositif de contrôle très puissant sur les pays qui utilisent cette monnaie de domination serait-elle elle même contrôlée par l'Allemagne ?

L'existence du CFA, avec tous les mécanismes pervers qui le caractérisent limite la bancarisation des économies des pays qui l'utilisent. Sa non convertibilité et la parité fixe qui y sont liées constituent un handicap pour les clients des banques, surtout ceux qui sont très actifs dans le commerce extérieur. A cause de cet état de choses, les grands opérateurs économiques africains préfèrent parfois détenir par devers eux les espèces, optant implicitement sur le change informel des devises au lieu de s'adresser aux banques. Les circuits de change informel ne favorisent pas la bancarisation dont le taux est aujourd'hui estimé entre 5% et 20% ; ce taux est insignifiant et préjudiciable au développement effectif des économies. La très faible partie des commerçants qui sont actifs dans l'exportation rencontrent toutes sortes d'entraves du fait de leur appartenance â cette zone monétaire. Ils peuvent vendre à qui ils veulent, exporter vers les pays de leur choix, mais la réalité qui s'impose à eux est incontournable parce que tous les paiements étrangers transitent obligatoirement par le Trésor

Français qui se charge de les convertir en CFA local, cette sous-monnaie dérivée de l'Euro que la France gère et exploite à son profit.

Quelle prison ! *Quel camp de concentration monétaire* comme le qualifie le Professeur Nicolas Agbohou. Jusqu'à quand allons-nous accepter cette situation ? Doit-elle perdurer ? On vend en dollars mais on reçoit plutôt des paiements en euro et toutes les pertes de change sont supportées par les Africains de la zone Franc quand on passe du dollar à l'euro puis au CFA. C'est simplement le bradage des ressources et des opportunités Africaines.

Quand on est un pays libre ou une nation qui jouit de sa souveraineté, on a l'obligation d'avoir sa propre monnaie et la responsabilité de la gérer dans le seul intérêt et le bien-être de ses populations. La vaste majorité des pays de ce monde ont chacun leur monnaie et pourquoi les pays de la zone Franc sont donc privés de cet instrument de souveraineté nationale ? Faut-il souligner à ce niveau qu'avoir une monnaie commune n'est pas en soi préjudiciable si on exerce un contrôle véritable sur elle. La faute est à la France, à tous ses alliés et autres traitres Africains qui détiennent le pouvoir dans ces pays.

L'urgence d'une solution s'impose à ces pays qui doivent, ensemble ou séparément se doter de leur propre monnaie. Notre préférence serait la solution commune, une monnaie unique à tous, une monnaie dont le contrôle total leur revient, une monnaie créée par les Africains, pour les Africains et gérée par les Africains, même si leur espace géographique se limitait d'abord à l'Afrique du Centre et de l'Ouest (pays de la zone Franc).

En créant leur monnaie, sans la garantie fictive de la France ou de toute autre puissance économique, cette monnaie serait supportée par les ressources naturelles réelles, contrairement au Dollar et à l'Euro qui ne reposent sur « rien ». Il faut remettre le contrôle de la monnaie au peuple ceci à travers des Banques Centrales Souveraines qui assurent le monitoring des Banques Commerciales chargées d'animer l'économie, de stimuler la croissance et créer ainsi les conditions d'un développement réel et durable. Atteindre cette indépendance ne relève pas de la sorcellerie ni de la prestidigitation. Les pays de la zone Franc peuvent créer leur monnaie en Afrique, d'autres pays plus petits et dotés de richesses limitées l'ont fait, l'urgence est évidente, il est temps de passer à l'action. Demeurer dans l'inertie est suicidaire.

La maîtrise de sa monnaie est un des facteurs qui permettent à un pays de se développer, de transformer localement les matières premières africaines, ce qui crée la valeur ajoutée et donc la richesse et le bien-être des populations qui bénéficient dans ces conditions du transfert réel du pouvoir d'achat. Les pays francophones importent de la France une grande partie de leurs produits parce qu'ils sont techniquement « créditeurs » en France. Les pays de la zone Franc sont gérés sans prévisions, ils signent souvent des accords qui leur sont défavorables. Cette absence de planification dans la gestion de leur pays fait que la France bénéficie de cette générosité Africaine qui met à sa disposition d'importantes ressources financières en privant leur pays des multiples opportunités de développement.

En ce qui concerne le franc CFA, la question centrale demeure jusqu'à ce jour. Quel dirigeant de la zone éponyme oserait en sortir le premier ? Qui posera pour la survie et le bonheur de cette partie du continent cet acte salvateur ? Qui osera rompre le premier afin que d'autres le suivent ? Tous ont peur. Nous parlons ici des décideurs politiques, ils sont par conséquent assimilés à des complices de la duperie, ils ont peur, ils n'ont pas de courage, ils gardent très présent à l'esprit les sorts réservés aux véritables patriotes nationalistes de grande envergure, traités de récalcitrants et ennemis de la France. On se rappelle le cas de Laurent Gbagbo et son épouse humiliés en direct sur toutes les télévisions du monde. La neutralisation physique et brutale que lui et son épouse subirent hante les nuits des dictateurs encore au pouvoir.

Le Président Abdoulaye Wade du Sénégal déclara en son temps ceci : « L'argent du peuple Africain bloqué en France doit être rapatrié en Afrique afin de profiter aux économies des Etats Africains. L'on ne peut pas avoir des milliards placés dans les marchés boursiers étrangers et en même temps dire qu'on est pauvre, et aller ensuite quémander de l'argent ».   Sachant ce qu'il savait, pourquoi n'esquissa-t-il pas alors la volonté de changer cette situation ? Comment expliquer son absence d'action par rapport à cette évidence par ailleurs fort partagée par beaucoup d'intellectuels ? N'exerçant plus le pouvoir au Sénégal, le Président Abdoulaye Wade, par devoir patriotique à l'Afrique doit expliquer aux populations mais surtout à la jeunesse Africaine les raisons de son inaction. Etait-ce la crainte de déclencher la colère du parrain ?

Si Sékou Touré de la République de Guinée avec l'appui de Kwamé Nkrumah du Ghana, réussit en 1958 à dire non à l'indépendance dans l'esclavage et décide de créer sa monnaie, comment croire que cet exemple ne fit pas d'émules jusqu'à ce jour ? On sait ce que la France du Général de Gaulle fit pour déstabiliser le vaillant peuple de Guinée et sa détermination d'émancipation. Fort de l'expérience guinéenne, de Gaulle décida que la question monétaire était un enjeu crucial et stratégique pour les intérêts vitaux de la France ; il s'arrangea soigneusement pour éviter tout effet de contagion qui aurait éventuellement crée un effet domino.

Depuis ce temps, aucun autre pays de l'espace de chasse Français abusivement appelée zone monétaire CFA n'a eu le toupet de défier le dictat du Général. Le professeur Nicolas Agbohou démontre avec brio l'aspect « criminel » de ce dictat et établit un parallélisme entre le système Nazi et les mécanismes qui régissent la gestion du Franc CFA en ce qui concerne l'identité de forme entre la méthode de rapatriement des fonds Français vers l'Allemagne quand celle-ci occupait la France. Ces rapatriements de fonds se faisaient sans contrôle et de manière mécanique comme le font depuis lors la France et ses nombreuses multinationales qui rapatrient tout montant en espèces ou sous forme de métaux précieux des pays Africains de sa zone de domination, sans rendre compte aux gouvernements locaux, sous les regards impuissants des patriotes et des peuples tenus en respect par leurs gouvernements qui les empêchent de dénoncer ces crimes.

En dehors de la France, Les pays qui utilisent le CFA n'ont aucune existence au plan international, la parité fixe du CFA avec l'Euro aujourd'hui ne permet pas que le CFA soit côté, ce qui implique que ces pays maîtrisent mal leur destinée, ils n'ont pas d'indépendance monétaire, sont diplomatiquement inféodés aux positions françaises et ne peuvent pas défendre totalement leurs intérêts nationaux sur le plan commercial. L'absence d'une monnaie propre constitue une absence de souveraineté, la monnaie est une question d'identité nationale et de reconnaissance en tant qu'Etat ou groupe d'Etats sur le plan international. Un exemple flagrant sur le plan commercial est la signature « forcée » des Accords de Partenariats Economiques (APE) imposée à certains pays de cette zone, cela constitue un suicide lent. Des signataires Africains qui vont assister à la destruction définitive des reliques qui ont survécu aux ajustements structurels imposés par le Fonds Monétaire International aux pays dominés de l'Afrique.

Pourtant, il ne faut pas être sorcier pour créer sa monnaie, de faux débats polluent les esprits sur la capacité d'un pays à battre sa propre monnaie pour maîtriser son destin. Presque 60 ans après les indépendances Africaines, tous les moyens techniques et humains sont disponibles mais il n'y a aucune volonté politique, il n'y a pas de courage. Quels sont les moyens et techniques mis en place par les autres pays Africains qui ont leur monnaie ? Les exemples abondent en notre faveur (Nigeria, Ghana, Rwanda, Mauritanie, Guinée. Zambie etc....), qu'ont-ils fait de spécial que les pays de la zone CFA ne peuvent pas faire ?

Si la détermination politique est présente et que le Parlement souverain prend la décision de créer la monnaie, la suite s'enclenche sans miracle. Tout réside dans la définition des critères de convergence avec les autres pays de la zone dans la perspective d'une monnaie commune, de la formation des gestionnaires qualifiés, la consultation des experts, l'achat des machines avec système sécurisé, la fabrication de la monnaie et son injection dans l'économie sous-tendue par des politiques monétaires bien définies. Il s'agit de bien préparer l'économie du pays à recevoir la monnaie nouvelle et voilà !

Le Nazisme Allemand fut condamné par le monde entier, pourquoi le Nazisme monétaire de la France sur les pays Africains continue sans émouvoir le monde ? Bien que différentes dans leur nature intrinsèque, ces deux formes de nazisme tuent, la première violemment et directe, la seconde très insidieuse et indirecte, tue différemment. Les peuples Africains de ces quinze pays n'ont pas choisi le système du Franc CFA, mais ils le subissent depuis plus de 70 ans et sont *incapacités* dans leur désir de le modifier. Cette situation est intolérable, inacceptable et seule la rupture totale avec ce système injuste peut faire sortir ces pays de la servitude monétaire, sortie tellement souhaitée parce qu'au bout du processus il y a l'indépendance Réelle.

CHAPITRE V:
Les Méthodes politiques et institutionnelles qui consolident la domination de la France sur les pays de la zone CFA

La nécessité de réfléchir sur la rupture s'impose et il convient de chercher à créer les conditions qui la faciliteront. En retenant l'espace Francophone comme champ d'analyse, on constate qu'au- delà de toutes les apparences, celui-ci est une autre organisation dont le but plus ou moins avoué et mal dissimulé est de renforcer le dispositif de contrôle et d'encadrement des pays Africains qui en font partie.

En effet, l'observation critique de l'Organisation Internationale de la Francophonie (OIF) fait ressortir de manière très nette qu'en dehors de la France et accessoirement le Canada, aucun autre pays Francophone n'a jamais rayonné à l'intérieur de cet espace réduit et encore moins à l'échelle mondiale. Il convient toutefois de séparer de notre position, les exploits sportifs et artistiques de certains ressortissants Africains de cet espace. A l'exception de la France et du Canada, il n'y a aucun pays Africain Francophone qui soit respecté sur le plan International, ils ne sont que des figurants dans cette organisation *commune*

Démocratisation contrôlée de l'espace Francophone et actualisations géostratégiques du système Françafrique.

Simple hasard des choses, coïncidence divine, ou alors résultat voulu par le parrain Français de ces pays. Les pays Africains de la zone Franc, aujourd'hui à divers phases de leur développement socio politique et économique se trouvent exactement là où la France veut qu'ils se situent. Avec sa présence suffocante, le parrain asphyxie toutes tentatives d'émancipation véritable de ces pays et en fait ce qu'il veut au moyen de l'arsenal répressif que nous avons évoqué précédemment, y compris les chantages financiers auprès des institutions internationales et les menaces récurrentes de privations des fonds nécessaires au paiement des salaires des fonctionnaire surtout en période de crise.

Obéissance et suivisme des dirigeants africains

Sous le contrôle vigilant de l'Elysée, ces pays Africains de la zone franc obéissent à toutes les injonctions et instructions en provenance de l'Hexagone. Très dociles, ils suivent sans rechigner la voie qui leur est indiquée et deviennent par-là, les acteurs majeurs de leur asservissement. Leur désir de faire corps avec la nébuleuse les engage dans un sentier comportemental caractérisé par un mimétisme surprenant, ils veulent tout faire comme leur parrain ; ils parlent, boivent et s'habillent comme lui et sont embarqués sans réfléchir dans sa locomotive, répétant comme des perroquets les termes qui viennent d'ailleurs même quand ceux-ci ne s'appliquent pas à leur environnement.

Ce langage venu d'ailleurs et utilisé à tort par ces dirigeants politiques représente souvent les seuls intérêts des autres et, vu de près il se révèle à nos yeux comme d'autres subterfuges dont le but final est de brouiller les vues pour dissimuler les vrais objectifs qui demeurent pillage et prédation. Prenons par exemple le cas de la mondialisation où il y a une très grande asymétrie des forces entre grands et petits, le parrain entraine pieds et poings liés les faibles pays de la zone CFA ; on leur fait croire que la mondialisation est bénéfique à tous les pays y compris ceux comme eux qui n'ont pas de tissu industriel et sont donc incapables de *compétir* dans la jungle du commerce mondial. La France n'a certes pas inventé la mondialisation, mais pourquoi y entraine- t-elle des pays faibles ? A notre avis c'est parce qu'elle ne veut pas subir toute seule la mondialisation, tous les pays qui sont sous son contrôle doivent être à ses côtés *pour le meilleur ou pour le pire....* comme dans un mariage. La Mondialisation telle que pratiquée aujourd'hui ne peut que favoriser une économie déloyale et injuste qui ne peut pas être bénéfique aux plus faibles ; on ne veut pas de cette mondialisation de façade où on clame qu'on est ensemble mais chacun tire la couverture de son côté et fait un croc en jambe au voisin dès qu'une occasion se présente. C'est d'une mondialisation bien organisée, généreuse et solidaire qu'on veut, une où chacun joue en fonction de son poids réel, elle serait   bénéfique pour tous.

On retrouve dans cette logique les fameux Accords de Partenariats Economiques, pilule très amère que l'on impose aux faibles qui subissent de fait trois types d'aliénations : l'aliénation économique, celle qui nous fait produire ce que nous ne consommons pas (ni ne transformons pas localement) et nous consommerons ce qui est produit ailleurs et que nous devons importer. L'aliénation monétaire avec le Franc CFA logé dans le Compte d'Opérations au Trésor Français et l'aliénation socioculturelle, celle qui nous « empêche » de redéfinir nos valeurs et critères de beauté.

Tout est permis pour contrôler : ici la fin justifie les moyens :

Il faut toujours se méfier des mots amitié, égalité, justice, lorsqu'ils sont prononcés par les dirigeants Français quand ils parlent des rapports entre la France et les pays Francophones de sa zone de domination, c'est le plus souvent de la démagogie ; nous allons illustrer cet avis en utilisant comme cas d'école l'amitié qui liait le défunt Empereur Jean Bedel Bokassa de la République Centrafricaine au Président Valery Giscard D'Estaing : après examen des informations à ce sujet, on s'aperçoit qu'en réalité, le second n'était l'ami du premier que pour mieux se rapprocher de son épouse qui devint son amante. Cette *technique* qui consiste à faire de l'épouse d'un autre son amante est bien connue et pratiquée dans les milieux politiques. On sait ce que cela produisit.

Malgré ce genre de situation, qui aurait normalement pu rendre les dirigeants Africains plus prudents dans leurs relations avec ceux de la France, on observe encore une grande personnalisation des relations entre ces deux groupes. C'est une personnalisation des relations que nous estimons nocive et pas souhaitable ; dans la plupart des cas, ceux qui en sont victimes sont en Afrique. C'est de notoriété publique que Valery Giscard, François Mitterrand, Charles Pasqua et d'autres disposeraient d'importants domaines économiques en Afrique ; des domaines qui semble-t-il leur furent offerts gracieusement par certains chefs d'Etats contre leur maintien au pouvoir.

C'est une imbrication d'intérêts personnels entre élites Françaises et Africaines qui *systémise* corruption, compromission et contrôle. Au-delà des moyens traditionnels de contrôle que le parrain Français exerce sur ses protégés, les dirigeants de l'Hexagone procèdent à des écoutes téléphoniques de tous leurs « amis Africains » rien de surprenant dans la mesure où la pratique d'espionnage est la norme. La différence ici est l'usage qui est fait de ces méthodes ; en effet, il se dit que ces derniers, leurs cercles familiaux les plus proches, ainsi que leurs amis et concubines multiples sont systématiquement mis sur écoute, toutes leurs conversations privées seraient enregistrées et tous les messages sont décryptés, analysés et transmis à Paris pour action ou exploitation future.

Les dossiers médicaux, des chefs d'Etats Africains (incapables de construire dans leur pays des véritables hôpitaux modernes avec plateau technique de dernier cri) qui affectionnent des institutions de santé en France, sont exploités cyniquement au jour le jour par les services de renseignements. Ces dirigeants Africains oublient même qu'ils s'exposent ainsi à tous les risques possibles dès lors qu'ils sont soignés en France et peuvent être victimes de toutes sortes de manipulations. Avez-vous déjà vu le président malade d'un pays occidental, aller se faire soigner dans un autre pays ? Jusqu'à quand la naïveté des africains ?

En 1982, le premier président du Cameroun Ahmadou Ahidjo, démissionne subitement sous la pression des médecins Français qui diagnostiquèrent une maladie fabriquée. C'est une preuve de légèreté de la part de certains dirigeants Africains qui augmentent eux-mêmes leur vulnérabilité vis-à-vis du parrain qui ne se prive d'aucun moyen pour faire marcher plus vite ceux qui trainent les pieds. Chantages et pressions ciblés sont ainsi appliqués en sourdine sur certains de ces Présidents et membres de leur famille nucléaire.

Les comptes bancaires et les hôtels particuliers en France viennent compléter les dossiers des biens mal acquis, dossiers que l'on ouvre et agite de temps en temps pour obtenir quelque chose ; on assiste abasourdi a une mise en scène des Présidents qui sont amenés à dire une chose et son contraire sous la pression sournoise du maître Français.

On se rappelle d'une situation franchement troublante, lors de la crise ivoirienne, où Jacob Zuma, le Président de la République Sud-Africaine s'était désavoué et avait tourné le dos à Laurent Gbagbo après une visite à l'Elysée. Quelles pressions ou chantages a-t-il pu subir pour qu'il se ridiculise de cette manière et s'humilie aux yeux du monde entier ?

Si cette tactique de pression a marché pour un chef d'Etat qui techniquement n'appartient pas à la zone de contrôle Françafricaine, on peut alors imaginer le degré de soumission des dirigeants du pré-carré Français par rapport aux désidératas de la France.

Dévolution du pouvoir et pérennisation du système Françafrique

Un retour rapide sur le Pacte Colonial s'impose dans la mesure où il nous permet de resituer le contexte qui prévalait au moment de la signature des Accords de Coopération. Ce flashback met en évidence les points suivants :

En France, de Gaulle jouit des pleins pouvoirs et son Parlement ne fait que de la figuration. Côté Afrique, les hommes politiques en pole position dans les années qui précèdent les indépendances, (futurs Présidents des jeunes Etats) vont signer ces Accords et engager leur jeune Etat sans consulter leurs peuples. Ces Accords sont donc des Accords de Président à Président qui courcicuitent les Parlements. Ainsi resitués, on constate que ces Accords semblerait-il, ne peuvent être remis en cause que par les seuls signataires. Cette vue nous paraît peu convaincante. Côté France où on pouvait espérer une réaction parlementaire, on constate que rien ne s'est jamais passé pour remettre en question cette situation. Le passage en force du Président de Gaulle fut accepté parce qu'il faut le dire, cette absence de réaction n'est rien d'autre qu'un aveu de complicité entre le Législatif et l'Exécutif Français. Côté Africain, pour les plus courageux- Debby et Obiang- les Présidents commencent à dénoncer très timidement ces Accords, les Parlements n'ayant jamais essayé de les remettre en question.... on sait la suite.

Le processus de dévolution du pouvoir dans la nébuleuse de la Françafrique n'est autre chose qu'une longue histoire de manipulations et de travestissements des démocraties locales. Les analyses et les réflexions qui sous-tendent notre ouvrage nous ont permis d'identifier trois méthodes que la France utilise pour téléguider les soubresauts politiques qui peuvent perturber le fleuve tranquille qui doit exister pour garantir le contrôle continu des intérêts de la France dans les pays de la zone CFA. Ces trois méthodes sont : la passation pacifique du pouvoir par voie de dauphinat, l'insurrection populaire organisée/récupérée par la France et qui aboutit au « highjacking » des révolutions populaires, et enfin l'usage de la force par la voie des armes, coups d'Etat organisés soit par des militaires, soit par des civils.

Le Dauphinat

La passation pacifique du pouvoir par voie de dauphinat est la méthode préférée de la Françafrique ; tout système d'exploitation durable recherche des situations stables qui évitent les conflits et sont favorables à la sécurisation des intérêts. Ce cas de figure préfère la longévité des dirigeants que l'on a eu le temps de connaître, ceux que l'on maîtrise parfaitement et dont la docilité ne souffre d'aucun souci. Appliquant très souvent l'adage *the devil you know is better than the devil you don't know*, ce qui veut dire *il est mieux de traiter avec le diable qu'on connaît*, la France rechigne à changer les dirigeants ; bien au contraire, elle aide très efficacement ceux-ci à se maintenir longtemps au pouvoir pour la bonne marche des affaires, elle leur donne des conseils sur tous les aspects de la vie du pays. Les paysages politiques dans la majorité des Etats de la Françafrique se ressemblent à s'y méprendre. On y constate une faiblesse des partis politiques, faiblesse très souvent voulue et organisée par les tenants du pouvoir qui se rendent bien compte qu'ils ne peuvent pas s'accommoder d'une opposition forte, crédible, déterminée.

La fragilisation des formations politiques commence d'abord par l'encouragement à une création anarchique et hypertrophiée des partis. Un pays compte parfois jusqu'à 300 partis pour une population de moins de 15 millions d'habitants. On assiste régulièrement au recrutement par le parti au pouvoir des hommes politiques véreux chargés de créer la division, la diversion, et qui jouent à ce jeu trouble uniquement pour des fins matérielles ceci donne naissance à de faux opposants qui trahissent la jeunesse qui assiste parfois impuissante à tout genre de lâchage et marchandage sordides passés en leur nom.

La stratégie de neutralisation des pays CFA répond également à une logique insidieuse de distractions politiques bien dosées. S'appuyant sur le vieux principe du diviser pour mieux régner, les dirigeants locaux, conseillés par le parrain permettent la création anarchique des formations politiques, et injectent dans le débat des sujets politiques infantilisants et inventent une lexicologie particulière. Le nombre de formations politiques forcément excessif est abusivement présenté comme critère de démocratie alors qu'en réalité on recherche l'éparpillement et la dissolution de tout ensemble homogène qui pourrait représenter une menace pour les « souverains monarchiques » adoubés par la France.

Dans les pays de la Françafrique, les véritables opposants politiques sont mis hors-jeu par les hommes de la France, ceux qui sont laissés en liberté sont des taupes qui infiltrent les formations sociales et politiques pour démasquer au profit des dirigeants, les vrais patriotes. Ne sont laissés libres que des opposants qui ne constituent pas une menace pour le régime. Le peuple naïf passe son temps à se chamailler pour rien, laissant de côté des vrais problèmes tels que ceux des esclavages économiques, militaires qui restent statut quo.

Dans ces pays, la presse est sous liberté surveillée et les individus ne peuvent manifester librement qu'avec l'autorisation administrative d'un préfet, d'un sous-préfet qui dans tous les cas n'est qu'un des suppôts du pouvoir. Les rares leaders politiques patriotes sont bâillonnés et vivent sous la terreur. Le paysage médiatique (journaux, radios, télévisions) dense et passablement pléthorique est instrumentalisé par une autorité administrative qui les utilise pour organiser la désinformation ; l'absence de moyens financiers accentue leur vulnérabilité ; leur docilité, et leur compréhension sont récompensées parfois très largement par le gouvernement qui utilise les subventions aux médias comme levier de manipulation.

Au plan purement social, les dirigeants Africains qui veulent s'éterniser au pouvoir n'hésitent pas à recourir aux stratégies d'endormissement de leurs populations grâce à l'utilisation de ce que nous appelons *Le cocktail machiavélique de pacification des populations*, véritable arme massive de neutralisation pacifique et volontaire des populations. Dans un savant dosage néfaste, ce cocktail combine, à des degrés divers et intensités requises, la consommation anarchique de tous genres d'alcool et drogues, l'encouragement au vice et à la dépravation des mœurs (prostitution, homosexualité), la corruption systématique des mentalités à tous les niveaux de la sphère sociale, la prolifération tolérée des églises, le tout servit quotidiennement au peuple qui s'en abreuve, s'abrutit et se transforme en êtres non-pensant.

Dans cet univers passablement euphorique et grisant pour beaucoup, on *Colle la petite, Ca sort comme ça sort et on vous met dans la sauce*. La population en âge d'agir évite toute réflexion pertinente et se transforme en jouisseurs indifférents à son propre sort. Ainsi *pacifiée*, cette population s'installe dans l'attente d'un sauveur messianique qui très paradoxalement est le dictateur qui l'a plongée dans cette situation. On se résigne dans des phrases du genre *On va faire comment* ? Et on attend une délivrance Divine en fait. C'est ainsi que se maintiennent au pouvoir ces dirigeants vendus qui manipulent sans état d'âme les populations qui se détruisent en silence dans des corps squelettiques et des cerveaux anesthésiés collectivement.

Quand la mort vient interrompre le long règne tranquille d'un dictateur des Tropiques, en l'absence d'un dauphin constitutionnel, le système de la Françafrique entre en action et intervient directement dans la désignation du successeur. Par soucis de continuité, le premier choix donne la préférence à un des fils du défunt qui va sans problème assurer le maintien de la position dominante de la France dans le pays. Ce seront les cas au Togo et au Gabon où Faure Eyadema et Ali Bongo remplacent leurs défunts pères. Il convient de rappeler que dans le cas du dauphinat, le Président en place dispose de toute la latitude pour se choisir un dauphin en modifiant les dispositions constitutionnelles relatives à l'organisation de l'Etat, mais il doit au préalable et impérativement se rassurer du « bon choix » du dauphin, une personnalité coptée par le parrain Français ; ce seront les cas d' Abdou Diouf au Sénégal, de Paul Biya au Cameroun et de Henri Konan Bédié en Côte d'Ivoire quand les Présidents Léopold Sedar Senghor et Ahmadou Ahidjo se retirèrent des affaires et lorsque la mort emporta le Président Houphouët Boigny.

Pour assurer la promotion aux fonctions présidentielles d'hommes politiques contrôlables et surtout dévoués à la protection des intérêts de la France, cette dernière impose très souvent un processus électoral prétendument démocratique et transparent à un pays sans consultation des populations. Elle finance des élections en y dépêchant des observateurs soit disant *« neutres »* qui les valident toujours en les nuançant avec leur fameuses déclarations éculées *« Les élections se sont bien déroulées dans l'ensemble malgré l'observation de petites irrégularités qui ne peuvent pas cependant influencer les résultats officiels »*.

Notons à ce point que les élections sont organisées par des Commissions Electorales supposées neutres et indépendantes, elles sont dirigées par des personnalités très souvent issues du pouvoir et dont le rôle est de s'assurer que la victoire est certaine pour « Le candidat copté » par la France. Une Cour Constitutionnelle/Cour Suprême totalement acquise au régime en place chapeaute le dispositif. Au Gabon, la Cour Constitutionnelle est encore dirigée par une concubine du défunt Président. De ce processus, on installa Ali Bongo à la mort du père et la maîtresse de feu papa lui attribua un second mandat en 2016 dans des élections fortement contestées par le candidat malheureux Jean Ping.

L'insurrection populaire « organisée/récupérée »

Au lecteur bien avisé qui se poserait des questions sur la pertinence des analyses qui vont suivre et celles des pages antérieures, nous disons qu'il s'agit des réflexions qui se sont largement basées sur des documents déclassifiés disponibles à la Bibliothèque du Congrès Américain « Library of Congress », En plus de ces précieux documents, il y a les informations recueillies auprès de nos nombreuses relations tissées pendant notre long séjour dans le pays de l'Oncle Sam ; certaines de ces relations officient dans l'Administration Américaine et d'autres dans ses démembrements qui collectent des informations de très haute qualité dans le Monde. Il est donc vain de s'interroger sur l'existence des preuves sur nos propos puisqu'ils sont le fruit des analyses basées sur l'observation des faits géostratégiques par ailleurs supportés par des documents confidentiels. Cette mise en garde s'adresse surtout aux esprits qui s'évertuent souvent à demander des preuves qu'ils savent qu'on ne fournira pas.

La stratégie de l'insurrection populaire est mise en action dans des cas de figure bien déterminés. En effet quand un Président ne réussit pas son passage en force pour se maintenir au pouvoir en modifiant la constitution qu'il a lui-même adoptée, et quand les renseignements généraux et les rapports des services secrets de la France détectent un ras le bol certain des populations, on instigue une révolte « populaire » au départ mais vite récupérée, contrôlée et téléguidée par les sbires de la Françafrique. En nous appuyant sur deux cas, le Sénégal et le Burkina-Faso, on observe ce qui suit. Une organisation à l'origine populaire va opposer un refus bien solide à la poursuite du statut quo, le parrain va identifier un baron du régime, très souvent un très proche collaborateur du chef de l'Etat (Premier Ministre, Président de l'Assemblée, Secrétaire General de la Présidence…..) qu'il va faire sortir du Gouvernement en prétextant des divergences orchestrées. Ce baron du régime va organiser sa séparation avec le régime en créant un parti nouveau qui n'a de nouveau que le nom ; en fait, une version réaménagée de celui qui gère l'appareil de l'Etat. Le nouvel opposant, ancien très proche collaborateur du Président lâché par la France va débaucher quelques figures du régime, puis suivront des élections bien encadrées qui assurent la victoire de l'alternance pacifique

.   Au Sénégal, l'actuel Président Macky Sall joua parfaitement ce rôle et le moment venu succéda au Président Abdoulaye Wade en faisant croire au peuple qu'il est un homme nouveau, un homme de changement, et que le pays vient de vivre une alternance véritable. Illusion de changement, prestidigitation politique, coup réussi de la nébuleuse. Rien n'a changé dans le système, la Françafrique vient de remplacer un de ses pions par un autre. Il n'y a eu que le changement d'hommes ou comme disent certains analystes c'est une alternance de façade. On se souvient d'ailleurs qu'une fois élu Président,

Macky Sall n'eut même pas le temps de revêtir ses nouveaux vêtements qu'il se rendit illico presto en France pour faire *allégeance* au parrain. Il est aujourd'hui un farouche défenseur de la Françafrique, il chante tous les jours les louanges du franc CFA et expulse du continent Africain un enfant africain parce que ce dernier a détruit un billet de la monnaie esclavagiste.

Au Burkina Faso, le scenario se répète en 2014 avec quelques nuances. Sous la pression populaire, Blaise Compaoré est exfiltré du pays par les services Français via son ambassade et les militaires de sa garde rapprochée s'accaparent du pouvoir. La pression de la rue est forte et une transition contrôlée s'installe dans le pays sous la supervision conjointe du diplomate de haut rang en retraite, grand ami de la France, Michel Kafando qui est bien vu par la France, et d'un militaire véreux et très corrompu le Colonel Yacouba Isaac Zida qui vit aujourd'hui au Canada après avoir déserté l'armée. Ce tandem contre nature va conduire une transition chaotique jalonnée de soubresauts et coups de force militaire qui va aboutir à l'organisation d'une élection qui s'achève par la victoire de Roch Marc Kaboré présenté à grands tapages médiatiques par RFI (Radio France *Intoxications*) comme véritable alternative au défunt régime. Cet homme n'est pas une alternative crédible, c'est un pur produit du système ; compagnon fidèle de Blaise Compaoré, haut dignitaire de la dictature qui élimina un fils valable de l'Afrique, Thomas Sankara. Comme au Sénégal, les services secrets Français avaient mesuré la désormais impopularité de Compaoré et presqu'une année avant sa chute, Roch Marc Kaboré sortit du gouvernement sous prétexte de son opposition au parti qu'il a servi depuis plus de vingt ans, crée une autre formation en débauchant quelques barons et patiemment, il attendait son tour à la Présidence. Dans son très long cheminement avec Compaoré, la Françafrique avait fait de lui un allié sûr en réserve et qui va continuer à protéger les intérêts de la France au pays des hommes intègres. Depuis son installation à la tête de l'Etat, rien n'a changé, c'est une fois de plus la France qui gagne, le peuple a joué et perdu. Ici encore, le peuple qui crut à sa révolution se la voit volée par la machine infernale de la Françafrique, vicieuse forme de colonisation des temps modernes.

Au Benin, le scenario mit en place pour remplacer le Président Boni Yayi est plus ou moins semblable aux deux cas précédents mais il offre un intérêt particulier dans la mesure où les stratèges de la Françafrique y introduisent une dose d'innovation crapuleuse. Le vaillant peuple Béninois opposa une fin de non-recevoir à Boni Yayi qui tenta de briguer un troisième mandat malgré les dispositions pourtant claires de la Constitution. A un peu moins d'une année avant la fin de sa magistrature, le Président Boni Yayi, sous les suggestions du parrain Français nomma au poste de Premier Ministre, Lionel Zinsou, un personnage qui n'a de Béninois que son patronyme hérité d'une famille politique prestigieuse du pays. Ce Franco-Béninois qui n'a pratiquement jamais vécu au Bénin est ainsi mandaté par le parrain avec pour mission la conquête du fauteuil qui sera bientôt vacant.

A coup de publicité tapageuse, la Radio des fausses Informations (RFI) tente d'intoxiquer le peuple pour lui faire croire au patriotisme subit de Lionel Zinsou présenté comme le bon choix. Pas totalement dupe, le peuple Béninois s'aperçoit très vite de la supercherie et n'accepte pas cette pilule d'outre-mer. Téméraire mais surtout rassuré par ses liens très étroits avec l'appareil de la Françafrique, Lionel Zinsou se vêtit de ses habits de futur Président. Cette fois, la mayonnaise a du mal à prendre, ce que le parrain constate très vite et actionne le plan B, petite variante du plan A. Le parrain va identifier son pion en la personne de Patrice Talon, un homme d'affaires qui n'est pas un haut baron du régime comme ce fut le cas au Burkina et au Sénégal. Comme l'échec de Lionel Zinsou était mathématiquement et stratégiquement prévisible, le faux opposant à Boni Yayi devint l'alternative crédible pour le peuple avide de changement. C'est pour faire croire qu'il y aura une véritable alternance que le parrain crée cet imbroglio en misant à la fois sur un « outsider parachuté » Lionel Zinsou et sur Patrice Talon, nouvel étalon dans son écurie.

En revisitant brièvement le parcours politique et économique de Patrice Talon, on ne peut s'empêcher de relever quelques suspicions. Patrice Talon est un homme d'affaires qui a soutenu Boni Yayi très efficacement pendant ses mandats et qui en retour a vu ses affaires prospérer sous ce régime qui a fait de lui un homme très riche et bien introduit. Il est impliqué dans des grosses affaires de marchés publics en intelligence avec les barons du régime. Très proche de Boni Yayi, Patrice Talon s'en écarte sous prétexte d'une tentative d'empoisonnement de son ami ce qui se passe sans pression ni menaces particulières pour lui et ses affaires, Patrice Talon s'exile volontairement en France où il est très souvent aperçu arpentant les couloirs des bureaux situés au 2 Rue de l'Elysée à Paris, siège de la redoutable Cellule Afrique.

Quelques mois avant l'élection Présidentielle, il rentre au pays où la sordide histoire d'empoisonnement a disparu. Et, calmement à l'abri des radars et très discrètement il se prépare. Diverti par la candidature de Lionel Zinsou, le peuple lui accorde ses suffrages comme candidat indépendant et homme de changement. Il devient, « apparemment » contre toute attente le successeur de son ami Boni Yayi avec qui entre temps il s'était réconcilié selon la tradition Africaine. Quel parcours ? Comme le veut la « tradition » Françafrique, il trouve très vite le temps de se rendre à Paris pour son tout premier voyage à l'Etranger et fait son allégeance au parrain sous l'œil goguenard d'un autre serviteur de la Françafrique, le Président Alassane Ouattara qui l'introduit au club, lui souhaitant la bienvenue en même temps qu'il obtient sa feuille de route dans la pérennisation du système.

Si Patrice Talon était un véritable candidat indépendant nous ne pensons pas que Paris aurait été sa première destination. Dans le cas du Bénin, on assiste à une course à la Présidence où les deux finalistes ne sont que deux serviteurs du même maître ; la France encore dans ce cas gagne et le peuple reste dans l'attente d'un vrai patriote. Le jeu tactique nauséabond de la France ne trompe que les naïfs. Fidèle à ses vieilles traditions, elle négocie toujours dans les deux camps : celui du pouvoir en place et celui des opposants de façade. La véritable opposition, celle des patriotes et des nationalistes, étant toujours écartée des réels enjeux politiques, alors que c'est dans elle que se trouvent ceux qui peuvent changer positivement l'avenir des populations.

Avec ces alternances de dupes, la Françafrique continue sa domination en Afrique Francophone. On n'est plus dupe, l'assaut final pour la fin de la Françafrique est en *préparation* par les véritables enfants du continent. Il faut accentuer le combat profond en poursuivant la conscientisation des masses par voie de media populaires que sont la Radio, la télévision, internet et ses applications Facebook, Twitter, WhatsApp . Il faut augmenter la pression parce qu'il n'y a pas encore eu de vraies alternances, aucun véritable patriote n'est plus arrivé au pouvoir depuis les éliminations physiques de Sylvanus Olympio, Modibo Keita, et dans un passé plus récent, Thomas Sankara.

Ce sont toujours les mêmes traitres de l'Afrique que le parrain utilise en essayant de les vêtir d'habits différents. Sénégal, Burkina Faso, Benin, votre combat contre la France-Afrique reste entier, surtout ne plus se laisser tromper par ces faux politiciens. La roublardise de la France avec ses fausses alternances démocratiques doit s'arrêter, le peuple doit pouvoir choisir librement parmi les nationalistes qui garantissent la souveraineté des pays ; car pour l'instant, ce ne sont que de simples changements d'hommes exclusivement et sans exception sortis du moule Françafricain.

Un regard attentif sur les dirigeants de l'Afrique Francophone montre que dans tous les changements de Présidents de la zone Franc, aucun véritable opposant, patriote et nationaliste convaincu, jaloux de l'indépendance et de la souveraineté réelle et effective de son pays n'a jamais été élu dans la zone. Une petite nuance doit être mentionnée dans nos analyses, c'est celle que constitue l'intermède Laurent Gbagbo de la Côte d'Ivoire qui, par un concours de circonstances particulières, arriva au pouvoir par *effraction* et réussit tant bien que mal à s'y maintenir pendant 10 ans. On connaît le traitement humiliant qui fut réservé au couple présidentiel ivoirien.

Dans le cas Laurent Gbagbo dont le parcours politique et social est différent des potiches de la Françafrique, la France qui ne contrôlait pas l'homme politique fit preuve d'une patience inhabituelle dans la mesure où tous les récalcitrants (en réalité les patriotes) sont très rapidement neutralisés, exécutés ou débarqués du pouvoir en moins de cinq années (Sylvanus Olympio, Modibo Keita, Barthelemy Boganda). L'observation des changements intervenus depuis les indépendances en Afrique de la zone CFA conduit à la question suivante : Qui dure au pouvoir et pourquoi, et qui ne dure pas au pouvoir ?

La voie des armes : la force

Le traitement brutal des récalcitrants est le dernier recours ; la Françafrique qui fera alors usage de la force par la voie des armes, des coups d'Etats organisés par des militaires ou des civils. On se rappelle de cette époque des coups d'Etats en Afrique de 1960 à 1990, toute l'Afrique fut secouée, ébranlée par ce phénomène, presque tous les pays de la zone Francophone en furent victimes. Cette période fut une bonne opportunité pour la Francafrique qui la mit à profit pour se débarrasser des véritables patriotes Africains.

La Françafrique étendit ses tentacules pour verrouiller son contrôle et perpétuer son exploitation abusive des ressources africaines. Tout dirigeant jugé récalcitrant ou simplement hostile à la domination française était éliminé physiquement et le pouvoir revenait de facto à une marionnette manipulée depuis Paris. La tolérance zéro était la règle cyniquement appliquée aux leaders Africains qui avaient l'outrecuidance ou la témérité de penser au bonheur des populations locales, de croire à la souveraineté de leur pays et qui voulaient remettre en cause la nature des relations qui liaient leur pays à la France.

Pour chasser du pouvoir un dirigeant Africain récalcitrant la France utilisait une stratégie graduelle qui commence par la déstabilisation à travers les medias pour culminer par une rébellion armée donnant lieu à une petite guerre civile. Elle commence à utiliser sa radio de propagande pour distiller des fausses informations très vite relayées et reprises en chœur par ses consœurs occidentales, utilisant à volonté duplicité, manipulation et ruse pour défaire le récalcitrant. Les techniques utilisées pour la déstabilisation des rares leaders « têtus » feraient pâlir de honte le sinistre Général Américain Joseph McCarthy dans son délire anti- communiste.

Mélangeant de manière infernale l'intimidation, la diffamation du récalcitrant, le mensonge pathogène ainsi que la fabrication très malsaine de rumeurs, la France et ses puissants mediums de propagande tue toutes velléités patriotiques exhibées par le téméraire.

Cette déstabilisation trouve aussi une tribune internationale à travers le droit de regard et de censure dont dispose la France sur le travail des experts Onusiens en protégeant les dictateurs à son service. La France empêchera la diffusion des informations dommageables contre ses « amis » mais elle publie avec fracas et grande agitation toutes les mauvaises informations contre le récalcitrant pour accélérer l'intoxication du peuple. Elle use et abuse de son droit de véto à l'ONU pour cacher les crimes et les trafics de ses « amis » mais elle expose au grand jour les fausses-vrais informations fabriquées dans ses officines de désinformation de masse.

Autour des années 2006 et 2008, quand le Tchad commence à exploiter sa manne pétrolière, le Président Idriss Deby Itno exhibe des velléités d'indépendance vis-à-vis de la France ; sans attendre, celle-ci actionne et active la rébellion Tchadienne que l'on sait moribonde, la dope et la dote de puissants moyens de guerre et la lance à l'assaut du pays. Au milieu de 2008, la rébellion Tchadienne est aux portes de N'Djamena la capitale du pays, après avoir conquis sans rencontrer de vraies résistances le reste du vaste pays. Encerclé par les rebelles, Idriss Deby se retranche tout peureux au fonds de son palais en attendant l'assaut final qui concrétisera sa chute. Il se ravise et envoie rapidement des émissaires auprès de la France qui « vole » à son secours, « sauve » Idriss Deby et sa famille en faisant valoir dans ce cas de figure le point 8 des Accords du Pacte Colonial.

La tentative d'émancipation d'Idriss Deby s'achève par une plus grande soumission de celui-ci au parrain qui demande plus de gages et de garanties de sa loyauté : elle ne tarda pas à se manifester, elle se matérialisera par une ouverture plus grande du sol Tchadien aux Bases Militaires Françaises et la transformation de l'armée

Tchadienne en sous-traitant Africain des opérations militaires Françaises.

En 2016, revêtu de ses habits de Président en exercice de l'Union Africaine, Idriss Deby, dans le souci de se donner des allures de Panafricain, fait des déclarations hypocrites quant au devenir du franc CFA ; cela fait plus de vingt années qu'il est au pouvoir et il n'a jamais pris aucune disposition concrète pour se séparer de cet outil de domination. Son pays abrite la plus importante Base Militaire Française au Sud Sahara (Opération Barkhane) et Idriss Deby est par ailleurs connu pour être un « protégé » du Ministre Français de la Défense Monsieur Le Drian dans le gouvernement de Mr. François Hollande et reconduit aux Affaires Etrangères dans le premier gouvernement du Président Emmanuel Macron au mois de Mai 2017. L'organisation au Tchad du Sommet des Leaders Panafricains du 10 au 15 Mars 2018 a subi un premier *couac suspect* que nous espérons ne sera qu'un mauvais souvenir. Nous souhaitons de toutes nos forces que ledit sommet se réalise et qu'il soit surtout le signal d'une grande marche sur le chemin de l'indépendance réelle des pays Africains cfa. Les peuples n'acceptent plus les déclarations, ils veulent des actes concrets d'émancipation ; on attend, on reste vigilant et on accorde encore le bénéfice du doute au Président du Tchad qui sera jugé par ses actes et non ses déclarations…..Just Wait and See.

Pour le moment, les Présidents Idriss Deby, Sassou Nguesso, Paul Biya ou d'autres peuvent s'éterniser au pouvoir, ils peuvent malmener les populations comme bon leur semble, ils peuvent gaspiller l'argent du pays, « on » les laisse tranquille parce qu'ils sont des maillons solides et stables du système de la Françafrique. Le Président Deby se différencie des autres parce qu'il a le courage de parler mais nous le répétons, il n'a pas à ce jour joint l'acte aux paroles. Certains animateurs d'une télévision qui se déclare Panafricaine poursuivent une œuvre d'ennoblissement du maître de Ndjamena en l'habillant prématurément de nobles attributs de Panafricaniste. C'est de la duperie et le peuple éveillé ne se laissera plus tromper le moment venu.

Pour les récalcitrants qui ont la peau dure, la France va développer sa lourde artillerie de déstabilisation en fabricant à l'intérieur du pays ou en établissant une base arrière dans un pays voisin, une rébellion qu'elle va armer très puissamment. Avec ces groupes de rebelles parfois dix fois mieux armés, mieux équipés que l'armée régulière du pays à « normaliser », elle va diviser le territoire en deux, créant de facto une insurrection que l'on ferra passée pour une guerre de religion, chrétiens contre musulmans, ou une guerre tribale à la Tutsi/Hutu. Activant ses réseaux internationaux, elle va à travers l'ONU, légitimer et entériner une lourde intervention militaire et le récalcitrant visé sera éliminé physiquement ou on l'envoie à la Cours Pénale Internationale (CPI), la puissante machine de mensonges s'étant au préalable chargée de requalifier le récalcitrant comme criminel, antidémocrate, assassin de son propre peuple et que savons-nous encore !

Ces rebellions sont souvent très meurtrières compte tenu de l'étrange violence du noir sur son frère. La France qui s'est donnée un « droit de cuissage » sur l'Afrique de la zone du franc CFA est toujours au cœur de ces groupes rebelles ou terroristes qu'elle utilise au gré de ses besoins et impératifs stratégiques pour déstabiliser le pays du récalcitrant. C'est dans les officines des Services Secrets Français que sont fabriqués tous ces *bandits et mercenaires* sans foi ni loi, très disposés à tuer. La Cote d'Ivoire de 2011 et le Mali de 2016 illustrent parfaitement cette nouvelle stratégie de déstabilisation d'un pays à travers des groupes armés qui divisent le pays et créent des vastes étendues qui échappent au pouvoir central et qui comme par hasard, abritent d'importantes ressources minières dont l'exploitation par les multinationales Françaises se fait sans interférence du Gouvernement du pays. A chacun d'imaginer le pillage des ressources nationales.

Quand dans de rares occasions, le pays ne sombre pas dans le « chao organisé », il va devenir excessivement fragile, rendant le dirigeant éjectable à tout moment. Conscient de la fragilisation de son pouvoir, celui-ci sera d'autant plus docile que sa survie entière dépendra exclusivement des humeurs du parrain Français.

En définitive, on constate que la France ne lâche un dictateur que quand elle a déjà préparé un autre pour le remplacer, le lâchage n'est que le prologue de sa stratégie. Elle préfère le long fleuve tranquille de la longévité des dictateurs au pouvoir, tournant ailleurs son regard tant que le dictateur est capable de passer en force en modifiant la Constitution et se fait légitimer par des élections toujours truquées.

Les Présidents, Idriss Deby, Sassou Nguesso, Paul Biya, Obiang Nguema sont la parfaite illustration de cette stratégie de la durée. Le constat est affligeant : pas de vrai changement en Afrique de la zone du franc CFA, du

Burkina Faso au Bénin, du Sénégal au Togo, rien de nouveau sous le soleil de la véritable indépendance, tous sont des hommes du système de la Françafrique. Les peuples demeurent opprimés et brimés dans une indifférence totale de la France qui poursuit imperturbablement sa longue histoire de Colonisation.

En 2016 le choix du peuple Gabonais se réduit à Ali Bongo ou Jean Ping, ce dernier étant présenté par la France, comme une alternative, on a franchement envie de pleurer. La France ne changera jamais, elle peut raffiner ses techniques de domination, mais elle ne pourra plus tromper le peuple informé, libéré de tous complexes, et qui désormais réclame la justice, la paix, l'alternance véritable, la transparence dans la bonne gouvernance, des élections véritablement libres, le peuple qui réclame son pouvoir et son droit à choisir librement les hommes et les femmes qui doivent conduire son destin.

Le vrai choix démocratique est celui qui met en avant la volonté du peuple, l'intérêt supérieur de la nation C'est par ce type de changement que l'on peut provoquer la rupture par rapport au système en place, ce changement qui va rompre avec tout ce qui opprime les peuples sur les plans politiques, économiques, monétaires, sociologiques et culturels. Ce sont des dirigeants patriotes dont les peuples de la Françafrique ont besoin, un système plus juste est impératif et il doit être différent des faux changements que l'on note jusqu'à présent. Les peuples ne sont plus dupes, ils reconnaissent déjà ces faux changements par le tapage médiatique qui les entoure souvent pendant leur campagne ; le peuple ne se fera plus intoxiquer par ces propagandes qui lui donnent l'illusion d'avoir pris son destin en main. Ce changement n'arrivera pas s'il n'y a pas de rupture avec le système de la Françafrique.

Les relations dans la Françafrique sont très injustes, elles ne peuvent inspirer que révolte de la part des peuples spoliés dans ce marché de dupes qui fait la part belle à la France. La Françafrique assure au tuteur fourbe les ressources naturelles des 15 pays du CFA ; le contrôle absolu de la monnaie avec toutes les conséquences sur les politiques de développement économique et social; elle augmente le poids diplomatique de la France au sein de l'organisation des Nations Unies où les pays de la zone CFA votent constamment en bloc et en ordre derrière la France.

On comprend alors pourquoi il est naïf de la part des gouvernements de ces 15 pays de croire qu'un jour la France leur donnera l'indépendance réelle. Non, la France ne peut pas, dans les conditions actuelles de la géostratégie mondiale, se passer de sa Françafrique, elle ne peut pas prendre les risques de perdre ces avantages économiques et diplomatiques que cette structure lui donne et c'est précisément à ce niveau que se situe le dilemme de la majorité des hommes politiques Français. Comment se passer de cette manne nourricière qu'offre la Françafrique ? Existent-ils des substituts acceptables à la Françafrique ? Ces deux questions sans réponses à ce jour expliquent la pérennisation de la Françafrique.

CHAPITRE VI:
Condamnation de la Françafrique, les Fondamentaux, les acteurs et les scenarios de la Rupture

Au regard des analyses antérieures, il apparaît que tous les pays africains utilisant le CFA subissent de façon continue toutes les formes de domination.

Les faits historiques de la Françafrique et la pertinence des vérités qu'ils révèlent établissent de manière implacable que la France est décidée à garder les choses ainsi. Le problème de la Françafrique est une question de domination qui met incidemment en collusion deux races différentes avec la caractéristique que la race qui domine est blanche, celle dominée est noire. Les torts et le mal fait aux noirs par les blancs sont criards, et visibles. Trop de mensonges et de beaux discours sur l'indépendance, l'amitié, la démocratie, les droits de l'homme. Nul en réalité n'a besoin de formation pour savoir et apprécier ce qui est juste et équitable, les peuples de l'Afrique noire Francophone n'ont plus besoin de ces moniteurs de la démocratie et donneurs de leçons. Tout doit maintenant se passer et se jouer dans la transparence ; une élection transparente et bien organisée n'a pas besoin de moniteurs, elle respecte les choix libres des populations dans les pays. Dans un environnement bien gouverné, on n'a pas besoin de ces aides « bidons »,   très asservissantes, et qui ne développent jamais les pays qui les reçoivent, mais aident plutôt les économies des pourvoyeurs, ce qui renforce le truisme qui dit « qu'il n'y a pas d'aide gratuite ». Il faut se méfier de ce genre d'aides, très souvent déguisées en dons fallacieux.

 La France à qui nous offrons notre hospitalité généreuse nous dépouille de nos richesses sans état d'âme, et insiste à nous donner des leçons de morale en permanence. Avec la complicité des locaux, les nouveaux leaders patriotes ont du mal à émerger. Dans son humanisme suspect, elle prétend protéger notre bien et nos droits, en organisant des guerres chez nous, détruisant des vies au nom de la liberté et la protection des hommes. C'est un mensonge ou tout au moins une ambigüité. Nous avons compris : seuls ne comptent que ses intérêts, leur sauvegarde détermine les soutiens qu'elle apporte aux dictateurs locaux.

La politique de la Françafrique, est l'apanage des dirigeants locaux téléguidés par la France. La problématique de leur souveraineté reste entière. Comment ces pays peuvent être souverains ou indépendants sans éliminer tous les aspects nocifs de leurs relations avec la France l'oppresseur en chef. Elle utilise des mots trompeurs tels que coopération pour décrire ses rapports avec les faibles alors qu'il n' y a pas de coopération entre Etats quand les ordres viennent toujours d'un seul pays (la France) et ceux qui reçoivent ces ordres (pays Noirs Francophones), n'ont pas parfois l'opportunité d'en discuter.

Tel que prescrit dans La Déclaration Universelle des Droits de l'Homme, les peuples d'Afrique Noire Francophone ont eux aussi droit comme tous les autres peuples du monde, à la poursuite de leur bonheur dans la liberté et la dignité. La soumission dans laquelle ils vivent depuis plusieurs décennies et les multiples humiliations dont ils sont les victimes ne devraient plus exister dans un monde qui doit être plus inclusif. Quel que soit la durée de cette domination qui connut ses moments les plus brutaux et inhumains pendant l'esclavage, il arrivera inéluctablement un temps pour la Rupture et le Rééquilibrage des relations qui s'en suivra ; est-ce maintenant le temps ? Nous n'en savons rien dans la mesure où la formalisation de ce nouvel équilibre dépendra des opportunités qui se présenteront.

Concept de Rupture dans le cadre de la Françafrique

La Rupture est le réveil de conscience d'un peuple dominé, elle se matérialise par la suppression ou la répudiation totale de tous les liens d'asservissement qui tiennent captif un pays par rapport à un autre. Elle est d'abord mentale, individuellement acceptée, largement partagée et collectivement assumée. Elle doit être un comportement, une attitude ou une position de tout individu face à une situation d'injustice.

La Rupture au sens où nous l'envisageons est d'abord et essentiellement la création d'un environnement patriote guidé par une volonté politique inflexible, déterminée et dynamique. Elle s'inscrit dans un cadre de restructuration des rapports de forces initié entièrement par l'un des acteurs identifiés dans les pays dominés ; la Rupture est un processus conceptuel mûrement pensé et organisé pour faciliter la mise en place des stratégies libératrices. Pour atteindre ses objectifs de liberté, d'indépendance et de souveraineté réelle. La Rupture doit, autant que faire se peut, être secrètement organisée par des patriotes.

La Rupture est difficilement négociable. Le fonctionnement du monde est essentiellement sous-tendu par les confrontations ouvertes ou subtiles qui mettent en mouvement des rapports de forces et des pouvoirs asymétriques. C'est dans ce contexte que la Rupture doit être pensée et mise en application. La Rupture ne se déclare pas, elle ne se décrète pas non plus, il faut la préparer, c'est une conquête étalée sur une période plus ou moins longue et jonchée d'embuches. La Rupture n'est pas un luxe pour les pays encore dominés, c'est un impératif aux contours économiques, politiques, monétaires et éthiques pour les pays de la sphère CFA, il faut donc savoir la concevoir, la construire, et enfin l'appliquer pour la rendre effective.

La fin possible du système de la Françafrique peut à notre opinion passer par les trois phases de la *Rupture, Résistance et Riposte,* susceptibles de garantir l'indépendance réelle et la souveraineté des pays de la zone CFA. Cet enchainement de faits bien pensés et stratégiquement implémentés constitue ce que nous appelons « Equation de Souveraineté ». Cette équation n'encourage pas l'autarcie, elle a vocation à créer les conditions d'un rééquilibrage des relations entre la France et les pays CFA, elle veut rendre ces relations plus justes et plus équitables.

Concevoir la Rupture dans le prisme de la séparation totale et radicale d'avec la France n'est pas très réaliste compte tenu de nombreuses imbrications des deux parties. La Rupture ne peut cependant pas être envisagée dans le contexte d'une action progressive avec des objectifs à court terme. Elle ne doit pas non plus donner lieu à des positions ou interprétations floues ou ambigües, elle doit être conduite fermement. La Rupture met de côté le passé dans l'objectif d'établir un nouveau cadre relationnel. Nous l'envisageons comme une approche naturelle très stratégiquement construite et tactiquement implémentée en intégrant soigneusement tous les maillons de la vie du pays, c'est-à-dire les aspects économiques, politiques, financiers, militaires, sociaux et culturels : c'est une Rupture bien pensée, bien organisée, méthodique et définitive. La décision de rompre doit être prise rapidement et immédiatement exécutée ; ne pas achever son processus ne peut que contribuer à l'augmentation des nuisances et autres désagréments que le peuple subirait. Par ailleurs, si la volonté de rompre d'un dirigeant a été détectée par la France, celui-ci doit comprendre le caractère irréversible de sa décision. S'arrêter ou changer d'avis entrainerait des dégâts irréparables à long terme. La Rupture est une option salutaire pour les parties dans la mesure où sa réalisation donne naissance à une nouvelle relation. Elle n'est pas une décision d'humeur, il faut s'assurer de l'adhésion du peuple et sa détermination qui se mesurent à leur mobilisation dans les évènements de sensibilisation populaire.

La problématique de la Rupture ne peut être valablement envisagée qu'avec le soutien d'un peuple déterminé à obtenir sa souveraineté nationale dans la mesure où un peuple non déterminé ne va nulle part. Le travail de Rupture doit d'abord être achevé de l'intérieur c'est-à-dire que le peuple doit être éduqué sur les enjeux, il doit comprendre les contours et les implications de cette décision sur leur vécu quotidien, et futur, il doit alors montrer le désir de reprendre en main les leviers de commande de la machine économique, politique et sociale.

Existent-ils des conditions nécessaires à remplir par un pays dominé qui décide de s'engager dans le processus de la Rupture ? Nous n'avons pas de réponses absolues à cette interrogation, mais de manière intuitive, nous sommes convaincus que deux choses importantes doivent prudemment être considérées dans la prise de décision : le choix du moment (très délicat) et le timing de l'action sont déterminants et il appartiendra aux leaders patriotes et visionnaires de les apprécier avant de solliciter le soutien du peuple dont ils ne peuvent pas se passer. La question de la Rupture d'un pays Francophone d'Afrique Noire est essentiellement une question de stratégie et d'organisation, de tactique, de gestion des rapports de force qui verra la mise en place d'alliances et la constitution des coalitions. Il faut bien réfléchir avant d'initier toute action ou comportement susceptibles d'attirer l'attention du pays dominateur sur le désir d'émancipation du leader d'un pays donné.

L'exemple de la Côte d'Ivoire de Laurent Gbagbo peut dans une certaine mesure servir de cas d'école car il montre l'échec de ce dernier dans sa tentative d'émancipation vis-à-vis de la France. Ce qui se passa en 2010-2011 dans ce pays démontre à souhait des actes d'une gravité extrême posés par la France et le Gouvernement de Nicolas Sarkozy, révélant ainsi le vrai visage de ce pays « ami ».

Le rapport de force sur le plan militaire surtout, variable déterminante et centrale qui conditionne tout combat n'est clairement pas en faveur des pays d'Afrique Noire

Francophone qui sont tous, dominés sur le plan économique, politique et voir même social et culturel. Comment donc entamer un combat quand ce rapport leur est chroniquement défavorable ? Ces pays dominés peuvent-ils espérer l'appui d'alliés extérieurs en commençant par faire appel à leur Diaspora ? Comment peuvent-ils intégrer positivement leur Diaspora dans ce combat et obtenir leur soutien effectif au lieu de la « résistance cybernétique » à laquelle celle-ci se livre très souvent en incitant les populations intérieures en les envoyant au massacre pendant qu'elle est à l'abri à l'étranger ? Les acteurs de la rupture que sont le peuple, la jeunesse, les dirigeants, l'armée et les élites doivent travailler ensemble et bâtir une alliance forte avec la Diaspora qui doit donner des gages concrets de sa détermination et être prête à se déporter sur le terrain si besoin se fait ressentir.

La Rupture peut-elle être envisagée à travers un processus de paix ? Est-il possible de procéder par voie de négociations avec la France ? La négociation dans ce cas n'est pas possible, seuls les esprits naïfs peuvent y croire ; il n'y a pas de négociations possibles entre deux parties lorsque le rapport de force qui prévaut est complètement asymétrique. Les pays d'Afrique Noire Francophone sont en situation de faiblesse si marquée par rapport à la France qui maintient le statut quo et qui ne peut pas initier une négociation qui pourrait rétablir la souveraineté de ces pays. Il convient de rappeler ici que de façon historique, la souveraineté ou la liberté d'un pays ne se négocie pas, elle se conquiert et s'arrache.

L'initiative de la Rupture revient donc aux acteurs patriotes seuls capables de déclencher le processus de libération en brisant par voie d'éducation la « léthargie » des peuples et leur indifférence incompréhensible devant les injustices séculaires qui les frappent depuis des années. L'ignorance des faits historiques par les populations ne peut plus être une excuse, les populations doivent être informées par les élites patriotes qui devront utiliser efficacement tous les moyens que la technologie met à notre disposition. Peut-on penser que le peuple est complice involontaire de cette situation de domination? On trouve les responsables de cette forfaiture parmi ceux qui sont au pouvoir et dans une moindre mesure les bénéficiaires des privilèges; ils sont alliés aux objectifs des oppresseurs.

Est-il alors impossible de compter sur ce peuple si hétérogène et qui de surcroit ne se reconnaît pas dans un consensus social ? Le peuple est ondoyant et divers il peut être manipulé quelque fois mais sa neutralité n'est jamais garantie ; le peuple reste cependant incontournable car c'est lui qui mène et gagne tous les combats de libération. Le peuple est lent à la colère, mais quand il en a marre, il cesse d'être spectateur, reprend son destin qu'il enlève des mains des manipulateurs endogènes et exogènes et il opère une transition de spectateur en acteur. Nul ne peut défendre et protéger les intérêts du peuple mieux que le peuple lui-même.

L'urgence du changement en Afrique Noire Francophone est établie, le peuple a maintenant besoin de ceux qui ont le courage, de ceux qui osent critiquer les forts, de ceux qui posent des questions qui dérangent et qui dénoncent les riches corrompus dans leurs pays aussi bien que les méfaits des puissants d'autres pays.

Seuls ceux qui profitent de toutes ces injustices peuvent être gênés. Ceux-là qui veulent perpétrer le statut quo à tout prix avec tous les moyens à leur disposition. Tôt ou tard, ce peuple martyrisé que l'on croit avoir endormi et neutralisé ne dort en réalité que d'un œil, il est campé en embuscade et attend dans un silence patient le cri de ralliement. Le système anachronique de la Françafrique ne peut plus durer parce que le peuple est fatigué de supporter les injustices et les pertes qui en découlent pendant que les profits sont aux mains d'une infime minorité.

Convergence de misère et avatars Françafricains dans les pays CFA.

Les pays de la Françafrique présentent tous un profil économique médiocre. En analysant leur situation individuelle, ils témoignent tous de la même réalité affligeante dans la mesure où, bien que disposant de fortes potentialités économiques (sol et sous-sol riches), ils ne se développent pas. On remarquera à l'inverse que d'autres pays moins bien servis par la nature, à l'instar du Ghana, du Maroc, ont réussi à amorcer un développement qualitatif de leur économie et sont dans une trajectoire positive lorsque l'on observe leurs indicateurs économiques et sociaux. Les pays qui appartiennent à cette catégorie ont un point commun, celui de s'être affranchis de la domination coloniale et d'une très grande partie des avatars que celle-ci engendre.

Pouvons-nous ainsi croire que pour se développer, il faut être libre ? Un pays qui n'est pas libre, ne peut pas faire des choix sur son devenir, il ne peut ni négocier ni choisir ses partenaires. L'existence permanente de « tuteur » extérieur « émascule » totalement les dirigeants des pays dominés et tout leur est imposé par le parrain. Le dispositif qui protège les rouages et les mécanismes de la Françafrique est implacable, il combine savamment complexe d'infériorité, intimidation, violence et terreur avec des complicités étendues au plan international. Le complexe d'infériorité qu'on observe chez ces pays de la zone CFA tire son origine dans le système de l'esclavage, de la domination coloniale, du néo-colonialisme, de la mondialisation : toutes ces étapes ne constituent qu'une recomposition mal déguisée du système esclavagiste et de discrimination raciale qui a implanté la peur et la résignation dans la conscience des peuples dominés.

Les 15 pays de la zone CFA étouffent littéralement dans ce système ; tous les liens avec Paris sont extrêmement contraignants et ne laissent pratiquement aucune marge de manœuvre aux dirigeants Africains. C'est la situation de monopole et de non-dit que la France permet. On partage cette vue quand on observe la scène internationale où la France est toujours mandatée par l'ONU pour intervenir dans des conflits si récurrents en sol Africain. La dépendance des pays de la Françafrique par rapport à la « Métropole » est relativement facile à mesurer dans la mesure où on observe que la majorité des produits importés proviennent de la France même si on constate la percée marquée des produits Chinois dans la chasse gardée du pays de Molière.

Le fort pourcentage d'importation des produits Français est d'une très grande pertinence, il montre à quel degré la France s'enrichit et réduit son chômage grâce à sa domination sur les pays de la zone CFA. L'étau de la

France sur les exportations des pays CFA n'est pas aussi serré ; en effet, à l'exception des produits classés hautement stratégiques et rares, conformément au point 3 des Accords de Coopération, les pays africains bénéficient d'une relative autonomie quant à leurs exportations en direction des pays autres que la France. S'agit-il ici d'une souplesse ou de la magnanimité de la France ? Pas du tout. Comme toutes les recettes d'exportations des pays de la zone CFA sont payées en devises (surtout en Dollars Américain), ces paiements atterrissent tout droit au Trésor Français dans le Compte d'Opérations qui oblige les pays Africains à y conserver 50% de leurs réserves d'échange. On constate ainsi que cette « souplesse » dans les exportations des pays de la zone CFA n'en est pas une, le système reste bien contrôlé.

De manière caricaturale, les pays de la zone CFA disposent d'une liberté de vendre à qui ils veulent, mais le fruit de ces ventes est encaissé par la France ! C'est une relation injuste, une situation qu'il faut corriger et nous ne voyons pas les choses changer dans un proche avenir. Les dirigeants actuels des pays de la zone CFA, ont montré à souhait leurs limites en matière de courage politique et ils sont souvent victime d'une *cabale française* bien huilée et pensée : contrôler et contraindre par tous moyens nécessaires, c'est la stratégie en vigueur dans le système.

Pourquoi optons-nous pour la Rupture au lieu de passer par la négociation ou la révision des liens qui lient la France aux pays Africains Francophones ? On constate, à la lecture des événements passés, que la France ne peut pas accepter de négocier, elle peut bien entendu feindre de le faire. La réalité de la situation a montré jusqu'à présent qu'aucun Gouvernement Français fut-il de Droite, de Gauche, ou du Centre, ne veut de manière consciente et volontaire favoriser les conditions de démantèlement d'un système qui constitue depuis plus de soixante années la mamelle nourricière de la France. La remise en question du système est un tabou, on n'en parle pas et toute personne politique Française ou Africaine qui en parle avec insistance devient l'ennemi de la France, une cible à abattre.

En pays cfa, les ressources sont bradées et les bases militaires étrangères s'implantent. Tout Président de la zone CFA pour la plupart élu très *démocratiquement* après validation des élections par la France, ne peut oser aborder ces questions qui fâchent, et encore moins s'y attaquer. Selon une règle non écrite il ne faut pas toucher aux vrais problèmes et le cirque continue. Les firmes multinationales poursuivent sans inquiétude le pillage du continent, les bases militaires ne sont pas démantelées et ce qui reste de notre culture subit des assauts qui versent dans le libertinage sexuel et l'apologie du mariage homosexuel d'où destruction programmée du socle familial africain.

Les pays de la zone CFA n'appartiennent pas à leurs peuples, ils sont des propriétés de la France. Il ne faut plus accepter cette situation, il faut la renverser, les peuples doivent redevenir les propriétaires légitimes qu'ils sont, les possesseurs de leur pays, du sol et du sous-sol. Il est temps de se donner les moyens de repousser férocement tout ennemi qui les empêche d'atteindre leur souveraineté, ils restent encore tous dominés par la France qui instigue au gré de ses desseins intéressés des situations scabreuses politiquement et les décrit sous le terme fallacieux de démocratie apaisée. Y a-t-il des démocraties apaisées en Europe? Le piratage des révoltes populaires à travers des gouvernements de transition qui se chargent de recomposer le maquillage politique toujours en faveur de la France. Ceux qui ne jouent pas â ce *jeu macabre* sont brutalement écartés.

Dans les cas où la situation devient difficile, on fait venir des organisations non gouvernementales (ONG) Françaises ou pro Françaises (Européennes) qui se déportent sur les terrains d'atrocité sous prétexte de venir au secours des victimes de ces guerres provoquées, en leur offrant du riz et autres aliments très souvent périmés, quelques tentes pour s'abriter et les pagnes pour se recouvrir, avec au final un très grand tapage publicitaire qui cible tous les medias de communication acquis à leur cause. La France couvre les actions de ses multinationales (Total) qui très souvent sont à l'origine de ces maux. La fusion entre Multinationales Françaises et l'Etat Français est le noyau dur de la France-Afrique, ces deux entités agissent ensemble et sont de connivence.

L'accompagnement international des «Crimes » de la Françafrique.

La preuve de la solidarité des Forts (les Occidentaux) contre les Faibles (dans notre cas les Noirs) se manifeste au sein des Organisations Internationales qu'ils ont eux-mêmes mis en place pour protéger leurs intérêts réciproques. En dehors de la Banque Mondiale et des Instituts qui la composent y compris l'ONU, on voit coexister d'autres organisations telles que Amnesty International et Transparency International qui bénéficient d'une certaine crédibilité morale mais qui sont contrôlées par le SIS (Secret Intelligence Service), le service de renseignements extérieurs du Royaume-Uni, et par un milliardaire reclus Monsieur Georges Soros. Rien ou peu ne sont dits contre les abus perpétrés par les Puissances Occidentales; par contre tout est analysé minutieusement contre tout patriote Africain qui sera livré à la CPI, ce Tribunal Criminel International où seuls les faibles en grande majorité des Africains sont jugés, pendant qu'en toute liberté et impunité deux *tueurs de masse* se pavanent en voyageant partout. Pourquoi George Bush et Nicolas Sarkozy n'y sont pas traduit? Ils ont délibérément détruit l'Irak pour le premier, la Lybie pour le second.

La France, pour sauvegarder son système (la Françafrique) puise une très grande partie de son influence par un jeu d'alliances et des méthodes de compensation politiques et géostratégiques avec les autres pays développés. Au sein du conseil de sécurité des Nations Unies, comme membre permanent, la France dispose d'un levier puissant pour faire voter et passer ses dictats qu'elles imposent aux pays Africains Francophones en particulier, ces derniers ne pouvant y opposer de résistance. A titre d'exemple, la Résolution 1975 de mars 2011 qui donne carte blanche à la France et à l'ONU de détruire un pays souverain, la Côte d'Ivoire avec la complicité des pays Européens et le silence gênant de l'Union Africaine.

Comble de mépris, non seulement la France fit voter cette résolution, elle ne se gêna pas à la violer, elle ne fût jamais indexée ni dénoncée par l'ONU, ce « machin » comme l'appelait le Général De Gaulle. Le silence des autres pays Européens permet à la France de contrôler sans partage les économies de 15 pays Africains. En contrepartie la France ouvre l'espace économique de ces pays dominés aux capitaux Européens en quête d'investissements lucratifs et sécurisés. Les crimes économiques que le Fonds Monétaire Internationale et la Banque Mondiale perpétuent en sol Africain sont cautionnés par la France qui met en ordre de marche les pays Africains par un jeu subtil qui combine intimidations et conseils ; des plans d'ajustement structurels dévastateurs qui n'ajustent qu'au seul bénéfice des plus forts et leurs complices dans les pays ajustés.

Ces plans ont montré leurs limites et leur véritable objectif fut découvert. Il faut empêcher, par tous les moyens nécessaires l'industrialisation effective et réelle des pays Africains en privatisant au besoin tous les secteurs de souveraineté, en obligeant ces pays à baisser les taxes douanières à l'importation pour faciliter l'inondation des produits importés et saboter la production locale et surtout en organisant le libre transfert des fonds des multinationales vers l'Europe. Cet objectif criminel fut confirmé par les déclarations en 1987 du Chancelier Allemand Helmut Joseph Michael KOHL « *Il ne saurait être question de laisser l'Afrique s'industrialiser, l'Occident ne se laissera plus surprendre* », la surprise en référence s'adressait aux pays Asiatiques.

L'existence des plans d'ajustement structurels et diverses recommandations prises par les Institutions de Breton Wood et leurs organes annexes n'ont pas résolu les problèmes de développement et la pauvreté dans les pays africains de la zone CFA. Il faut reposer le problème en termes nouveaux afin que les débats qui s'en suivent puissent déboucher sur des idées novatrices et des solutions appropriées à l'environnement africain.

Réfléchir et se repositionner suite au constat de l'inutilité de la Banque Mondiale et du Fond Monétaire International :ces Institutions, sélectivement nocives aux pays CFA, continuent d'asphyxier ceux-ci sans discontinuité depuis les années 80 qui furent des années « noires » pour l'Afrique Noire. La dévaluation « criminelle » du CFA, des plans d'ajustements qui n'ont d'ailleurs rien ajusté, ces pays Sud Sahéliens furent les champs d'expérimentation des apprentis prestidigitateurs des Institutions de Breton Wood. Qui ne se souvient pas des « *buzz words* » de ces années de misère et de souffrance infligées aux populations ? Privatisations sauvages dans tous les secteurs y compris ceux qui sont liés au domaine de souveraineté de l'état, libération prématurée de l'économie, déficit des budgets, inflation et déflation et autres mesures qui déséquilibrent les agrégats micro et macroéconomiques. La cruauté des méthodes utilisées par ces deux institutions et les violences psychologiques et morales qui en résultaient ont laissé des cicatrices profondes dans l'imaginaire collectif des pays au Sud du Sahara. La pilule fut si amère qu'elle n'avait d'égale que l'arrogance du discours tenu à l'époque par les deux ténors de l'époque libérale (Ronald Reagan et Margareth Thatcher) qui répétaient tels des perroquets qu'il n'y avait pas d'alternative à cette politique destructive.

Que penser de ces hauts fonctionnaires Africains qui travaillent au sein de ces institutions ? Purs figurants relégués pour la majorité à des positions administratives avec des titres ronflants mais vide de substance. Ils n'ont en général aucun pouvoir de décision dans des institutions si visiblement anti-démocratiques et surtout au service de la domination des forts. Les supercheries organisées par la Banque Mondiale et le Fond Monétaire International, deux institutions esclavagistes de la finance moderne masquent très mal le contrôle que les grandes familles du capital mondial exercent sur les Banques Centrales des Etats-Unis d'Amérique, de la France et de la Grande Bretagne qui sont en fait privées.

La réalité existentielle de ce genre de rapports de force dans les relations entre le dominé et le dominant n'est pas particulière à la Françafrique, on peut même dire que c'est une pratique courante. Il faut cependant admettre que la perpétuation d'une injustice ne la transformera jamais en une vérité et le fait que les puissants s'obstinent à faire ce qui est moralement répréhensible ne pourra jamais se justifier. Faut-il donc se résigner à cette situation ? En absence de tout espace de négociation entre le dominé et le dominant, le dominé ne dispose que de la Rupture comme passage obligé pour rétablir sa souveraineté. Seule la Rupture totale peut affranchir les dominés et mettre fin à leur exploitation sauvage et optimale par les puissances. La Rupture va mettre fin à un système d'échange inégal qui s'est installé et qui s'intensifie avec le temps au seul désavantage du pays dominé; la Rupture avec la Françafrique doit par conséquent ajuster sa logique d'émancipation avec les paramètres pertinents et flexibles au niveau international.

La Françafrique enrôle les pays de la zone CFA dans la signature des Accords commerciaux non viables.

La France combat farouchement les velléités d'affranchissement économique des pays Africains et *tord* la main des dirigeants Africains pour les obliger à signer des Accords de Partenariat Economiques qui en réalité ne vendent que du rêve aux Africains. La propagande qui les accompagne fait croire que ces Accords sont salutaires et bénéfiques pour les pays pauvres d'Afrique ; la réalité est tout le contraire et cette concurrence asymétrique n'est pas différente de la mort programmée des petites industries naissantes et fragiles du continent.

Avec des Accords qui travertissent les jeunes économies Africaines, la France n'hésite pas à recourir au chantage et menaces à peine voilés sur les dirigeants Africains qui ratifient ceux-ci à la hâte et parfois en catimini entre deux sessions de leurs Assemblées ; coup sur coup, en Novembre 2013 et Décembre 2016, le Cameroun se plie à cette injonction faisant cavalier seul dans sa sous zone de la CEMAC(Communauté Economique et Monétaire de l'Afrique Centrale) sans doute pour montrer au parrain sa docilité par rapport à ceux qui trainent les pieds.

Pour se développer durablement, il faut d'abord protéger son outil, s'aguerrir et ensuite s'ouvrir à la concurrence, toute nation industrielle est passée par cette phase de protectionnisme patriotique. On ne peut pas mettre dans la même course un enfant qui apprend encore à marcher et des adultes pleins de savoir-faire et nantis d'attributs physiques matures et supérieurs. Prenons en exemple les APE (Accords de partenariats Economiques), ceux-ci ont pour seul but réel faire sauter tous les verrous de protection des économies sous-développées ou mêmes émergentes pour les exposer à la voracité des puissants.

Pour obtenir la ratification, on impose des dates butoirs aux Assemblées, obligeant les Présidents Africains à modifier leur calendrier législatif pour ceux qui en ont. En réalité, ces Accords ont pour but répétons-le d'ouvrir les marchés Africains sans restriction pour faciliter les importations en provenance de la France et de l'Union Européenne. Que vendent en retour les pays d'Afrique noire à l'Union Européenne ? Presque rien sinon les éternelles matières premières : bananes, café, cacao, bois, pétrole, etc. alors que de l'Europe proviennent des produits finis/manufacturés. Ceci n'est pas juste, la situation est d'autant plus alarmante qu'une grande partie des entreprises Africaines ne peuvent pas exporter en France/Europe parce qu'elles ne sont pas encore en mesure de remplir les normes d'exportation exigées par la France et ses acolytes Européens complices dans les crimes économiques contre les pauvres pays d'Afrique noire. Par ailleurs, ces importations en provenance de la France et de l'Union Européenne se font presque sans paiement de droits de douanes ce qui entraine un sérieux manque à gagner pour les Trésors Publics Africains.

La réalité qui se cache derrière ces accords est que tout projet véritable d'industrialisation en Afrique noire est méthodiquement torpillé par la France qui active ses réseaux pour barrer la voie aux financements internationaux quand elle peut, ou elle fait de l'obstruction pour retarder les choses. En effet les projets d'industrialisation requièrent une certaine dimension financière que seules les Banques Centrales peuvent financer, or nos Banques Centrales de la Françafrique sont sous le contrôle de la Banque de France à travers le Trésor Public Français qui protège scrupuleusement les intérêts Français et finance seulement ce qui ne menace pas leurs intérêts : c'est ici la preuve supplémentaire que l'abandon du CFA est plus qu'une nécessite, c'est une obligation qui obéit à la stratégie de développement économique.

Quant aux «aides» des pays de l'Union Européenne en Afrique souvent présentées comme très avantageuses pour les récipiendaires, il faut relever ici le caractère extrêmement démagogique de la chose dans la mesure où elles sont régulièrement détournées par les dirigeants locaux qui retournent une partie de ces aides pour financer les partis politiques des pays d'où elles proviennent.

La Rupture, un impératif nécessaire et urgent

Il faut en finir avec toutes les situations inégales et injustes non seulement en les dénonçant haut et fort mais également en recherchant leur destruction pure et simple : c'est ce que la Rupture doit accomplir. Il faut se séparer de ces Accords à forte connotation paternaliste et néocoloniale qui privilégient pour les Africains de la zone CFA la culture de l'exportation avec zéro transformation de ressources à l'intérieur du pays et donc zéro création de valeur ajoutée, zéro création de richesse, zéro croissance. On note l'existence de poches de pauvreté structurelle dans les pays de la France-Afrique, ce qui peut constituer un fort facteur de déstabilisation politique (voir Boko Haram et ses effets dévastateurs au Nigeria et au Cameroun). Quand un peuple est pauvre et affamé, il devient vulnérable à toute sorte d'intoxication et d'endoctrinement idéologique et par conséquent il est manipulé et instrumentalisé.

La durée de la Françafrique ne fait pas de celle-ci une relation nécessaire, même si à certains moments très rares par ailleurs, elle fut acceptable mais pas acceptée, cela ne doit en aucun cas faire d'elle une relation permanente. Elle n'a que trop durée d'ailleurs. Aucune preuve n'existe pour établir l'utilité de cette « affaire Françafricaine » Rien ne doit plus se décider à Paris, il est plus que temps que le Gabon reviennent aux Gabonais, le Mali aux Maliens, le Cameroun aux Camerounais ou la Cote d'Ivoire aux Ivoiriens, ou la Centrafrique aux centrafricains, afin que finalement nous arrivions à une Afrique aux Africains. Ce slogan de Marcus Garvey constitue la réalité et c'est le cœur du problème. La fin de la Françafrique doit arriver pour qu'enfin des pays jadis embrigadés puissent se rebâtir, rétablir leur fierté et s'engager résolument sur le sentier du développement réel, souverain et durable.

L'urgence de la Rupture est établie, c'est la seule voie; la question est comment la conduire avec un niveau de dégâts minimum acceptables et tolérables. La nouvelle génération Africaine qui vit sa misère au quotidien est prête, elle est en embuscade, elle attend depuis longtemps ce moment. Les souffrances sont devenues intolérables, insoutenables. La colère sourde et difficilement contenue des populations est en réalité une colère «anti-française» ou plutôt une colère « anti Françafrique » ; elle gronde en silence et elle devient de plus en plus difficile à contenir ou à étouffer. La tentation de rendre le peuple Français collectivement solidaire des abus de la Françafrique est grande dans la mesure où il est le bénéficiaire directe de cette exploitation des pays Africains.

A travers des indicateurs tels que les manifestations, les discours des medias progressistes, les peuples Africains ont donné à la France plusieurs opportunités pour changer positivement les relations particulières qui les lient. Ces signaux forts invitent depuis de longues années la France à changer, à arrêter de supporter les dictateurs et à laisser le peuple s'exprimer librement et de manière transparente dans le choix de ses dirigeants. Permettre aux peuples Africains d'expérimenter comme les autres peuples du monde, les bienfaits du système démocratique.

Malheureusement, la réponse de la France à ces appels n'a donné jusqu'à présent aucun indice de changement à l'avantage des peuples. Il est par conséquent permis de croire que les peuples Africains encore opprimés ne peuvent pas attendre grand-chose de la France qui s'enferme dans son obstination. La Rupture s'impose. La Françafrique qui apporte son appui aux dictateurs locaux, transforment les peuples Africains en victimes de cette oligarchie de corrompus. Si la France faisait le « bon choix » c'est-à-dire soutenir les peuples au lieu de soutenir les roitelets meurtriers, on aboutirait à la naissance d'une relation mutuellement bénéfique et donc durable. En choisissant le camp des dictateurs Africains, la France a opté de sacrifier la vaste majorité au profit de la minorité : c'est une course qui la conduira droit au mur. Tôt ou tard, la France va perdre ses acquis en Afrique et cette perte sera irréversible et irréparable pour elle. Le verdict est sans appel !

La Rupture doit se réaliser sans aucun sentiment de culpabilité, de regret, ni d'échec de cette longue relation intolérable. Mettre fin à la Françafrique ne doit souffrir d'aucune hésitation parce que c'est un acte de légitime défense. La France s'est toujours comportée en prédatrice sur les pays Africains Francophones et rien n'indique qu'elle a l'intention de changer. Elle ne changera pas sa façon de faire avec nous, l'initiative de la Rupture est dans notre camp. Il n'y a pas de rupture sans avoir préalablement organisé la résistance, puis viendra la riposte qui sera fulgurante.

La Françafrique est un système qui a survécu à l'épreuve du temps, et contrairement au vin qui se bonifie avec le temps, on constate que cette relation qui lie 15 pays à un seul ne s'est pas améliorée au fil des années. Bien que souvent le vieillissement ne signifie pas forcément dégradation, mais évolution. Dans ce cas de figure analysé il n'y a pas eu d'évolution positive. Aucun des aspects essentiels des Accords de Coopération n'a changé dans le fonds depuis leur signature. Les populations de plus en plus informées perçoivent plutôt une dégradation sévère de cette relation.

La Rupture est inévitable, c'est une question de temps qui s'appuie sur un principe reconnu ; « Toute personne soumise à une contrainte même faible mais à contrôle et pression élevés, finit par se déformer, lentement d'abord puis subitement, avec accélération.   La Rupture de fatigue par vieillissement et décrépitude survient. Nous la décomposons en 3 phases :

Phase1 : C'est la phase d'amorce ou phase d'initiation. Elle peut être déclenchée par un fait, un incident, un écrit, un événement, une catastrophe, récupéré(es) et exploité par un des acteurs de la rupture. Cette phase est celle qui contient tous les déclencheurs de la rupture. La Françafrique est une relation qui a vieilli avec toutes ses asymétries qui s'accentuent au fil du temps. Malgré les mutations sociétales des pays cfa, ce système qui s'auto-reproduit dans tout ce qu'il a de négatif ne fait aucun ajustement de ce qui le fonde (la domination). Il est donc de plus en plus décrié, insupportable et incongru.

Phase 2 : C'est la phase de propagation, elle peut être lente ou rapide et dépend souvent de l'organisation d'un peuple, de sa maturité politique et des moyens de communication de masse utilisés (Internet, Facebook, Téléphone mobile). Les populations durcissent leur sentiment vis-à-vis du système par des déclarations pugnaces dans le but de le fragiliser. On assiste à la mise à nue des défauts qui y son inhérents tels que fraudes, corruption, compromissions, misère….

Phase 3 : C'est celle de la Rupture finale. Les corrosions naturelles de la phase 2 vont s'accentuées, le sursaut patriote s'installe dans les populations et, dans la logique des choses, conduit à la répudiation ouverte d'un système et son remplacement (même temporaire) par un nouveau système qui prend ses distances par rapport à celui que l'on vient d'abattre.

A la lecture des analyses qui précèdent, est-il encore possible de défendre la Françafrique ? Quel esprit humain et intellectuellement sain pourrait encore justifier de l'existence et plus grave de la continuité de cette injustice ? Le verdict est sans appel, il faut en finir et surtout se rassurer de son éradication totale. Voici en résumé les principaux arguments qui constituent l'acte de condamnation de la Françafrique.

- La relation Françafrique a été et reste mentalement abusive, traumatisante avec des effets dévastateurs sur le long terme en ce qui concerne l'éducation et l'histoire des peuples d'Afrique CFA encore victimes de cette supercherie.

- C'est une relation très ruineuse sur le plan financier, il suffit de jeter le regard sur les dégâts que cause le CFA ou les capitaux massivement expatriés sans contrôle vers la Métropole par les Multinationales Françaises Prédatrices.

- C'est une relation socialement néfaste sur la vie des populations qui sont privées de la jouissance légitime de leurs ressources naturelles.

- C'est une relation unilatérale et dominante, essentiellement basée sur l'exploitation sous toutes ses formes des Africains des pays de cette zone

- C'est une relation qui utilise amplement des techniques de manipulation et de chantage pour garantir la docilité des potiches à leur solde.

- C'est une relation qui utilise la mort, la brimade, la punition et l'humiliation qu'elle inflige cyniquement aux récalcitrants pour intimider les autres, ceux qui rechignent à se soumettre ou qui tentent simplement d'empêcher l'Etat Français de poursuivre librement son dessein criminel

- C'est une relation qui affiche un mépris total vis-à-vis des peuples Africains et infantilise les Présidents Africains au mépris de toutes règles de protocoles ou diplomatiques. On serait tenté de dire que ces Présidents le méritent.

- C'est une relation essentiellement mensongère qui pratique la rumeur et la désinformation systématique pour avilir tout esprit indépendant.

La Françafrique est très injuste, elle applique depuis très longtemps plusieurs contraintes internes et externes aux peuples d'Afrique Francophone. Elle vit en vase clos et génère un environnement particulièrement sulfureux et malsain: il est nécessaire et urgent d'en précipiter la mort par assassinat. Les peuples fatigués sont tenus en respect par la brutalité, la torture et l'intimidation. Les populations vivent dans une terreur qui ne dit pas son nom, asservies par des dictateurs qui se sont *fossilisés* au pouvoir. Ils maquillent grossièrement les horreurs de leur pays et ils se déclarent démocrates sans rire. Les populations sont tenues en laisse par des hommes qui n'hésitent pas à recourir à la violence, qui organisent et attisent des fausses querelles tribales opposant sans raisons véritables des populations qui n'aspirent qu'à vivre dans la paix entre elles.

La désintégration de la Françafrique est un impératif pour les pays Africains tout simplement parce que la relation n'est pas basée sur l'égalité ou l'équité. Il n'y a pas de destin partagé entre la France et ces pays, ils ont des priorités très différentes pour ne pas dire très contradictoires avec celles de la France. Il faut que ces pays francophones rejettent tous les liens méprisants et les humiliations que la France leur fait subir depuis bientôt un siècle. Ces pays doivent mettre en avant leurs intérêts et avoir désormais le courage de dire non contre tout ce qui remet en cause leur souveraineté véritable.

Un peuple sans souveraineté véritable n'a aucune garantie quant à son devenir, son vivre ensemble, la maîtrise et le contrôle de ses richesses qui, transformées localement vont conduire vers le développement réel. Le temps de faire chemin librement est arrivé, chacun doit suivre son destin car nous sommes arrivés au carrefour de l'Histoire. Des signes encourageants de rupture sont déjà perceptibles dans certains Pays Francophones d'Afrique, ces signes sont reconnaissables de plus en plus et se caractérisent par une radicalisation progressive de la Nouvelle Jeunesse Africaine, la jeunesse décomplexée, courageuse, réfléchie et surtout prête à poser des actions osées et patriotes. Cette jeunesse Africaine « relookée » se prépare, elle serait même prête.

Les Fondamentaux, les prérequis et l'environnement pour organiser la Rupture

Compte tenu du caractère géostratégique de cette question, nous prévenons le lecteur que nous ne voulons pas analyser dans les détails la méthode. Le faire revient tout droit à donner à la Françafrique que nous dénonçons d'autres moyens pour se perpétrer. Nous n'allons pas donner à la France la chicote pour notre fessée. Dévoiler tous les aspects d'une stratégie de conquête de son indépendance revient à retarder celle-ci parce que le côté adverse mettra en marche des contre-stratégies. Le lecteur devra par conséquent lire de manière inter active les lignes qui suivent, il est encouragé à être créatif et se faire une idée de la démarche possible dans la décision de rompre.

Le premier postulat qui s'impose à tout Africain qui veut rompre est le suivant : pour être efficace et réussie, la Rupture ne peut être envisagée que si et seulement si la Résistance a été organisée soigneusement au préalable et dans la plus grande discrétion possible. Du coup, le lecteur peut donc s'interroger sur l'ordre des actions tel que énoncé dans le titre de notre ouvrage et se dire *Résistance-Rupture-Riposte*. En réalité, ce trio de libération est un tout où l'ordre des actions est interchangeable. Les trois phases sont en réalité interdépendantes et à la limite concomitantes selon les opportunités et les enjeux. Notre choix d'exposer d'abord les motifs de la rupture est sous-tendu par le fait que quand on sait pourquoi on doit rompre, on sera plus mobilisé et mieux déterminé par rapport à l'engagement pour la résistance. En définitive, l'ordre dans lequel on décide d'agir importe peu dans la mesure où un soin très minutieux est pris pour la préparation des décisions. L'essentiel c'est d'adopter l'attitude de rupture.

La question du timing et de la méthodologie à suivre pour rompre revêtent un caractère stratégique qui doit relever du Secret d'Etat. En nous situant dans l'hypothèse où un dirigeant opte pour la rupture, il doit s'assurer de la meilleur façon possible que son action est conduite avec l'appui d'hommes et de femmes entièrement acquis à cette décision patriote. C'est une situation difficile compte tenu de l'existence des traîtres qui peuvent infiltrer le groupe d'une part, et de l'implication d'acteurs divers dans le processus. Ceci fait partie des risques inhérents à toute action de conquête de sa liberté.

L'opportunité de l'action est jugée prudemment et peut se mesurer par le degré de réarmement moral et psychologique du peuple qui doit s'aligner sans faille derrière lui le moment venu ; le peuple doit être entièrement acquis à cette cause, ce qui met en relief la question de la légitimité du leader en poste et de la connexion ou fusion qu'il a avec son peuple.

Sans prétentions d'exhaustivité, nous avons identifié un certain nombre d'attitude, position, comportement et décision qui doivent être considérés dans le processus de la Rupture :

- La décision de rompre doit se faire sans effet d'annonce, il ne faut pas donner d'ultimatum.

- Le pays doit avoir et garder une attitude volontaire et déterminée, toutes déclarations doit se faire sur un ton modéré.

- Eviter toute escalade verbale qui risque de produire des occasions pour envenimer la tension ou créer une situation de confrontation ouverte et frontale.

- Eviter tout argument complexe et laisser faire la diplomatie pour les questions critiques.

- Minimiser les contacts directs avec les membres du camp adverse.

- S'assurer du soutien inconditionnel du peuple en le tenant informé pour qu'il s'approprie les décisions finales.

- Consulter les leaders des autres pays victimes de la relation et les encourager autant que faire se peut à rallier votre cause et si possible à déclencher une procédure de Rupture dans leur pays respectif. C'est une démarche qui peut être délicate et risquée parce qu'on n'appréhende pas leur disponibilité à rompre.

- Etre ferme sur sa décision de rompre.

- Etre prêt à aller jusqu'au sacrifice suprême parce que la Rupture doit être définitive ne serait-ce que dans un premier temps en gardant les possibilités d'une reconnexion future sur de bases nouvelles égalitaires et qui permettent le respect mutuel.

- Comprendre que la Rupture va créer des moments très difficiles qu'il faudra traverser avec le peuple, alors il faut préparer ce peuple qui risque de se retourner contre le leader en cas d'impréparation.

- Surtout ne pas commettre l'erreur de quitter un maître pour se livrer mains et pieds liés à un autre, on ne quitte pas la France pour l'Angleterre, ils sont tous pareils.

Vu l'ampleur des situations et compte tenu du problème de la concomitance de réalisation des conditionnalités, on se rend compte qu'il est très difficile d'être dans une situation ou le secret est bien gardé mais on va faire avec. Les conditions que nous avons mises en exergue ne se remplissent pas dans la spontanéité, elles nécessitent comme toutes choses un temps moyen de préparation et d'assimilation.

Pour se donner le maximum de chance de réussite, la Rupture doit se faire sur tous les fronts de domination et d'asservissement qui couvrent les aspects économiques, politiques, monétaires, sociaux, militaires, éducatifs, culturels et bien d'autres. Tous ces aspects s'enchevêtrent pour créer une interdépendance des variables propres à tout système.

Sur le plan économique, il faut être capable de se développer soi-même, et il faut avoir sa propre monnaie.

Sur le plan social, il faut décomplexer l'Africain de l'illusion de l'Occident, et sur le plan politique il faut rendre le pouvoir au peuple qui doit être capable de l'exercer de manière souveraine.

Sur le plan de l'éducation, il convient de former de têtes bien faites dans un système éducatif non extraverti.

Nous avons montré comment ce système fonctionne pour assurer sa longévité. Bien au-delà des paramètres de forces stratégiques qui très clairement sont dans un déséquilibre favorable à la France, il convient d'y ajouter le contexte psychologique déformateur et hypocrite qui implanta insidieusement dans la mémoire collective des peuples noirs d'Afrique l'illusion que l'association avec la France était une relation de famille.

La chose la plus intéressante dans cette fausse famille est que l'esprit d'indépendance qui caractérisait les Africains fut soigneusement endormi et ceux-ci furent docilement *formatés* pour tolérer l'intolérable. Pour s'en convaincre, il suffit de regarder les évènements et leur dénouement dans certains pays d'Afrique Noire Francophone. Nous citerons encore pour illustrer notre position le cas de L'Arche de Zoé au Tchad où des criminels en bande organisée furent libérés sans condition par le Président Nicolas Sarkozy. Les Africains ont cette étrange capacité à absorber les mauvais coups et très vite, sans avoir cicatrisé leurs blessures ils se précipitent à prêcher le pardon et l'oubli envers leurs bourreaux. Pire encore et très naïvement ces peuples Africains continuent à considérer satisfaisantes leurs relations ou *mieux* leurs obligations avec la France. Le réarmement mental des africains est indispensable, c'est une condition incontournable pour la rupture.

Seul un peuple vraiment uni peut briser les liens de domination ou de contrôle extérieur ; tenter une Rupture en l'absence de l'unité est suicidaire : ce serait ouvrir la porte à une éventuelle partition du pays.

La fin de la Françafrique se fera grâce aux peuples d'Afrique sous l'impulsion d'une jeunesse mobilisée et farouchement patriotique. Il ne faut rien attendre, ni croire au retour à la justice dans les pratiques et mœurs politiques de la France. Il faut exclure du processus de libération tous les dirigeants corrompus et complices qui aujourd'hui font office de leaders en Afrique. Il faut se méfier comme de la peste des *intellectuels du ventre* qui ont fait le choix de servir servilement les gouvernements corrompus et qui se tiennent en position d'attaque, prêts à monter à l'assaut pour abrutir les peuples avec des slogans tapageurs, creux et à la limite de l'indécence intellectuelle. Ceux qui veulent rester indépendants font le choix entre l'exil ou les brimades et humiliations des tyrans locaux.

La classe politique qui les dirige aujourd'hui n'est pas prête pour la Rupture et les Présidents en fonction sont incapables d'opérer le processus pour deux raisons: la première réside dans la vanité personnelle des hommes politiques avec un *ego surdimensionné* qui ne leur permet pas d'avouer leurs limites face aux pressions de leurs *maîtres* Occidentaux ; la deuxième raison est que ces mêmes hommes politiques tirent des avantages substantiels dérivés de leur collaboration docile avec les puissances étrangères.

Les hommes en charge dans la majorité des pays de la zone CFA étalent sans honte aux yeux du monde une médiocrité politique déconcertante, ils font par ailleurs preuve d'un complexe d'infériorité maladif avec un degré de corruptibilité effarant : d'où docilité absolue devant leurs maîtres. Seuls des hommes politiques neufs farouchement nationalistes sont en mesure de rompre. Il faut créer un nouvel environnement avec de nouveaux acteurs politiques.

Pour rendre l'environnement trouble et détourner les pays de la zone CFA de leurs véritables problèmes, la France crée de la diversion en entrainant ces pays vers des promesses internationales mensongères, telle que l'obtention d'une place au Conseil de Sécurité des Nations Unies, une futilité qui n'apporte pas grand-chose à ces pays et qui de surcroit ne change aucune donnée fondamentale dans la matrice de domination Onusienne, sauf si on ressuscitait Nelson Mandela ou Thomas Sankara pour qu'ils siègent au Conseil de Sécurité de l'ONU. A quoi nous servira une place à ce Conseil de sécurité si c'est pour s'aligner toujours derrière la France ?

La place de l'Afrique dans l'ordre politique et économique mondiale reste inchangée depuis la Conférence de Berlin et le Nouvel Ordre Mondial n'a rien de nouveau parce que la stratégie des « vautours » est la même et constante depuis des siècles : L'Afrique n'est et ne doit rester que le réservoir des ressources du sous-sol et du sol qui bénéficient en priorité aux pays Occidentaux, rien ne peut changer dans cet environnement ; on la transforme en réceptacle de tous les déchets, des produits de pauvre qualité (médicaments, friperie, voitures d'occasion polluantes, poulets à la dioxine, vieilles machines, technologies dépassées…etc.), un peu la poubelle du reste du monde. Rien de positif ne peut éclore dans ces conditions.

Il faut arrêter la marche forcée des pays de la zone CFA vers la destruction, il faut inverser tous les paradigmes de développement qui leur sont appliqués, et ceci n'est possible que s'il y a une Rupture nette avec les schémas de pensées et les stratégies qui sont utilisées aujourd'hui.

Le vrai combat pour la souveraineté passe par la Rupture qui commence par un regard introspectif sévère et objectif de nous-mêmes pour ne tourner ce regard au loin que si on a fini de balayer proprement devant sa maison. C'est une condition centrale à remplir avant tout. La responsabilité des dirigeants de la zone CFA et dans une moindre mesure celle de leurs populations est ici engagée. Devant l'indifférence des populations, on est parfois tenté de dire qu'elles *méritent* leur sort. Par ailleurs, on déplore l'absence de solidarité entre dirigeants CFA qui pourtant partagent le même sort ; ils ne s'entendent pas, la libre circulation des biens et des personnes a du mal à se mettre en place. Comme si cela ne suffisait pas, ces pays se meuvent à l'intérieur d'une Union Africaine financièrement sous le contrôle de l'Union Européenne. D'où le mépris à peine voilé des *bienfaiteurs* vis à vis de la classe politique africaine. Les 55 millions d'euros alloués sur plusieurs années par l'Union Européenne à cette organisation sont inacceptables et représentent une honte pour l'Afrique. Le budget de l'Union Africaine, de l'aveu même de Mr. Jean Ping, alors président de la Commission africaine «est financée à hauteur de 77 % par des ressources extérieures, et de 15 % par un seul pays, en passe d'être *irakisé* : la Libye ». Cet état de fait fragilise d'avantage les pays de la zone CFA qui ne peuvent pas compter sur l'appui de L'Union Africaine restée silencieuse dans l'assassinat de Mouammar Kadhafi et la désintégration de la Lybie et dans le passage en force d'Alassane

Ouattara en Côte D'Ivoire. Les pays de la zone CFA sont seuls face à leur destin respectif, ils doivent en tenir compte avant toute décision de rompre avec la Françafrique.   Le bilan de nos indépendances est douloureux et amère ; il établit que la coopération avec l'ancien colon reconvertit en partenaire est négative. Il nous appartient, nous Africains de la zone CFA, de devenir vraiment libres et souverains. La Rupture bien gérée nous mettra sur la voie de l'indépendance, il faut rompre et repartir sur de bases nouvelles.

Les peuples de la zone CFA doivent s'organiser pour une rupture définitive et sereine au regard de multiples pièges et obstacles français qui seront placés sur le chemin de la souveraineté. Le premier argument que la France utilisera pour justifier cette exploitation qui n'a que trop durée est l'existence des Accords de Coopérations qui sont en vigueur et donc doivent être respectés, clauses secrètes comprises. Nous savons comment ces Accords furent imposés aux pays Africains par la France. Ces Accords devraient être dénoncés mais les gouvernements de cette zone s'en accommodent chacun à sa manière. Deux raisons majeurs que nous avons déjà évoquées expliquent cette posture frileuse des dirigeants Africains : leur complicité au système et leur désir de s'éterniser au pouvoir.

Force est de constater que les peuples, sous l'impulsion d'une jeunesse éduquée par des leaders visionnaires sont mieux placés pour initier un processus de rupture susceptible de libérer les pays Africains CFA de cette mauvaise relation. Avec des grèves massives, le peuple doit réclamer la fin de ce cauchemar. L'économiste Camerounais Pius Otou dans une sortie médiatique respectable pense que « *Les pays membres de la CEMAC (Communauté Economique et Monétaire d'Afrique Centrale) doivent s'armer d'audace pour dénoncer les conventions monétaires signées avec la France* ». Nous allons au-delà des accords monétaires et nous étendons cette dénonciation à tous les Accords qui nuisent à nos intérêts indépendamment des pays avec lesquels nous les avons signés. Il faut dénoncer systématiquement tout ce qui ne met pas en avant les intérêts des peuples à user et bénéficier des ressources dont ils regorgent.

Par ailleurs, pourquoi faut-il faire preuve d'audace quand on réclame simplement ce qui nous est dû ? Crainte de la force de nuisance de la France ? Crainte des sanctions et représailles du fort à qui on réclame ce qu'il avait pris sans permission? La capacité de nuisance de la France est réelle mais que peut-elle devant un peuple uni et déterminé ? Ce qui fait cruellement défaut aux dirigeants Africains est le courage politique, cette pulsion unique et noble qui pousse le leader à remettre en cause toutes situations antérieures, présentes ou même futures qui ne privilégient pas suffisamment l'intérêt supérieur de la nation. Renégocier méthodiquement et en toute transparence toutes les conventions passées avec des pays étrangers dans le but d'établir un partenariat équitable et gagnant /gagnant.

La France est une puissance aux *pieds d'argile*. Identifier ses points névralgiques permet de les utiliser dans le processus de rupture. En considérant le cas de la convention monétaire qui lie la France et les pays de la zone CFA, on s'aperçoit très vite que le ras le bol des populations est atteint, il n'y a que les politiques qui gardent une distance peureuse pour la plupart. Ceux qui abordent le sujet le font quand ils recherchent une étiquette quelconque, leurs déclarations ne franchissent jamais le seuil de bonnes intentions, aucune action ni décisions concrètes n'ont jamais suivies. A ce jour les pays associés à cette convention sont encore « collés » au franc CFA qui symbolise tant d'injustices et de maux.

Enjeux globaux, régionaux et locaux de la rupture.

Les peuples Africains continuent de souffrir faute de leaders. Un débat politique vigoureux et sain dans les pays de la zone CFA, favoriserait les conditions d'émergence de nouveaux leaders affranchis, décomplexés, et patriotes visionnaires pour redonner aux peuples Africains leur place dans le concert des nations. Le long bail illégitime et illégal que La France détient sur les richesses de ces pays doit arriver à son terme. La France a choisi le côté des dictateurs, *elle creuse sa propre tombe.* L'évidence de ce choix se trouve dans l'existence d'un lien causal direct entre la chute des dirigeants Africains et la manifestation de leur part d'une volonté d'indépendance face à la France.

Nous avons démontré dans nos analyses que, lorsque ces dictateurs défendent et protègent farouchement les intérêts de la France, il n'y a pratiquement rien de méchant qui est écrit ou dit contre eux. Par contre, dès que vous manifestez des désirs d'émancipation, il est déversé dans les média et contre vous des fausses informations (corruption, gabegie, biens mal acquis, blanchiment d'argent, comptes dans les paradis fiscaux, etc.), tout est exposé pour préparer votre chute.

Les peuples manipulés s'abreuvent de cette littérature polluante qu'ils estiment à tort favorable à leur cause alors que ce n'est jamais dans l'intérêt du peuple que ces informations sont exposées, elles le sont dans l'intérêt exclusif de la France qui décide d'abattre un récalcitrant. Dans cette guerre médiatique, les peuples doivent trouver ailleurs les informations leur permettant de mener leur propre combat et non celui des autres. Le peuple doit trouver ailleurs des repères autres que ceux que la France et les Occidentaux lui donnent. Il est absurde de prétendre se libérer de la France sans rompre le flux d'informations qui vient d'elle. On ne peut pas se libérer d'un oppresseur en continuant de garder un lien de dépendance fort avec lui dans un domaine aussi stratégique que la communication.

Vue dans le prisme des optimistes et partisans du moindre danger, la Rupture avec le parrain pourrait se faire *naturellement*. Cette option a très peu de chances de se produire compte tenu de la réalité qui prévaut dans la situation; la notion de la rupture à moindre coûts et sans dangers relève du *Future Impossible*. Pour réussir la Rupture d'avec le tuteur Français, le leader patriote doit faire face à deux forces : les forces extérieures faciles à identifier (la France et la Françafrique) et, plus difficiles à identifier les forces internes constituées en grande partie de tous les citoyens avides de gloire et tentés par le pouvoir.

Le combat contre les forces exogènes et les forces endogènes est d'autant plus complexe que les « traîtres » se recrutent à tous les échelons de la société, dans toutes les couches, et dans tous les secteurs. La collusion de ces deux forces est généralement meurtrière pour le leader patriote qui très souvent est encerclé et infiltré de l'intérieur ; on sait ce qui arriva à tous ceux qui parlèrent ouvertement de leurs intentions de rompre. Il faut associer la tactique à la stratégie quand on prend la décision de rompre, le tout entouré de précautions maximales ; le secret absolu est très difficile à maintenir compte tenu de la multiplicité et de la diversité des acteurs de la rupture.

Comment rompre sans s'exposer aux représailles meurtrières du parrain prédateur et non disposé à lâcher sa position de domination. Nous craignons que les pays de la zone CFA ne disposent d'aucune marge de manœuvre pour une solution négociée ; cela remettrait en cause la stratégie de domination qui s'est manifestée jusqu'à présent par l'occupation militaire et la sécurisation des zones à hautes ressources, (ce sont les cas du Mali et du Niger), l'intimidation, la dissuasion, l'usage du droit de veto et l'imposition de sanctions aux récalcitrants.

La récurrence des échecs passés subis par les patriotes de la première génération, (ceux des indépendances et plus récemment Thomas Sankara) a, plus ou moins refroidi les jeunes nationalistes Africains qui sont impuissants devant tant d'injustices. Ils ont peu à peu abandonné le combat pour la libération réelle. Les échecs multiples et successifs tuent le rêve de souveraineté, le désespoir et la résignation deviennent de plus en plus envisageables et intégrés dans leur vécu pour les moins tenaces.

Il n'y a pas de place pour la résignation, le statut quo qui prévaut aujourd'hui dans le système de la Françafrique n'est plus acceptable, même si individuellement les pays de la zone franc ne sont pas suffisamment préparés et ne disposent d'aucune stratégie immédiate pour rompre. Il devient donc possible d'envisager la mutualisation de leurs stratégies qui trouve sa justification dans la communauté de destin qu'ils partagent. Il est possible de penser aux alliances entre pays pour former de larges coalitions en informant et en éduquant les masses populaires en vue de l'action. Le problème du secret si nécessaire se pose par rapport aux bénéfices d'une action concertée.

Cette stratégie rejette une des pratiques qui ont consolidées le pouvoir de la France qui divise pour mieux régner ; il s'agit de faire un front commun avec un consensus sur les points essentiels tels que l'armée, les transports inter Etats, l'approvisionnement sûr en eau et électricité, de même que veiller à la réduction de la dimension physique des Ambassades Françaises dans chaque pays. Véritables forteresses pour ne pas dire Etat dans un Etat, le personnel souvent pléthorique de ces missions diplomatiques n'est en réalité qu'un nid d'espions de tous genres avec une grande capacité à se mouvoir dans la population ; ils épient, guettent, et agissent dans l'ombre de manière insidieuse, transformant toutes nos erreurs en gains pour la France.

Si la Rupture en *solo* reste possible pour chaque pays, il faut reconnaitre qu'une action de plus grande envergure présente une grande probabilité de réussite. Faire cavalier seul est très risqué, et les représailles contre « le téméraire » peuvent très vite montrer l'insuffisance de cette stratégie pour le pays qui serait très rapidement confiné et contenu sur les plans économiques, militaires et même diplomatiques, compte tenu des arrangements entre puissants des Nations Unies. Si le secret peut être bien gardé, il est préférable d'agir ensemble, de manière concertée et orchestrée afin de parer à toutes inversions du processus de Rupture.

Dans la mutualisation des stratégies, on évite l'escalade verbale, les critiques violentes, et les provocations inutiles. Il faut savoir qu'on est face à une France qui historiquement a trop de difficultés pour reconnaitre tous les torts qu'elle a causés aux pays qui aspirent à leur souveraineté réelle. Il n'est pas conseillé de montrer son hostilité contre les *puissants* qui sont très aptes à se concerter pour neutraliser un récalcitrant ; ils ont une grande aptitude à taire leurs querelles et à s'entendre pour la protection et la défense de leurs intérêts. Ce qui veut dire qu'il est naïf d'avoir trop confiance au système international assez corrompu et acquis aux plus forts. On connaît les silences complices de la « communauté internationale» qui exhibe souvent un comportement à géométrie variable. Conformément à sa méthode, elle va mal poser le problème pour légitimer et justifier les mauvaises solutions qu'elle mettra elle même en place.

Les peuples ne doivent rien attendre de cette « communauté internationale » ni de leurs dirigeants locaux corrompus ; ils doivent s'organiser en puisant leurs forces localement, soutenus à l'international par une Diaspora militante, unie et engagée. Ainsi soudées, les populations locales vont mener des combats déterminés pour créer des sphères nouvelles d'une véritable solidarité des peuples opposés farouchement à la perpétuation d'injustices qui hypothèquent le devenir d'une jeunesse meurtrie.

Il convient de mettre fin à la solidarité mécanique qui existe entre la France et les pays Africains de la zone franc, fin au vote aligné et acquis d'office à la France ; le faire sans durcissement de ton afin d'éviter toute escalade conflictuelle. Il faut maintenir un ton ferme et camper sur ses positions en exigeant dans tout échange au moins le traitement de réciprocité comme base de toute discussion et se méfier des médiateurs onusien : on accepte de recevoir les leçons d'un professeur que si on entre dans sa classe et on assiste à ses cours.

Pour accroître son efficacité, la Rupture doit être simultanée dans plus d'un pays de la zone franc, peu importe si les pays engagés dans le processus ont des frontières mitoyennes ou pas ; cependant, leur dispersion géographique procurerait un avantage stratégique dans la mesure où la France devrait organiser plusieurs opérations de contre-Rupture au lieu d'une seule de grande envergure dans le cadre d'une intervention de déstabilisation armée. La Rupture de masse nous insistons, présuppose un choix méticuleux et prudent des partenaires ; elle n'est efficace que si elle est orchestrée par des hommes politiques nationalistes et progressistes. La fin de la Françafrique ne se fera que par les Africains patriotes. Les traîtres sont ceux par qui la domination est toujours arrivée, souvenons-nous des *sous-marins* de la Françafrique abusivement appelés *père de la nation…* Omar Bongo, Houphouët Boigny.

Les Acteurs et scénarios possibles de la rupture

La rupture qui est un processus d'élimination de toutes les entraves majeures au développement en vue de plus de souveraineté et d'indépendance, consiste en définitive à œuvrer pour la modification des rapports de forces en faveur des pays de la zone CFA. C'est une séparation d'avec un système rejeté qui va permettre aux pays dominés de finalement s'organiser en vue de leur véritable développement. Comme il s'agit du devenir de tout un pays, ce processus met en interactions plusieurs acteurs que nous avons regroupés en deux catégories : les acteurs majeurs et les acteurs secondaires,

Les acteurs majeurs

Ils sont trois : Le Président de la République, l'Armée et le Peuple. Ces trois entités sont à notre avis détentrices d'un pouvoir d'action susceptible d'apporter un changement véritable dans la configuration actuelle de ces pays. Le Président de la République dans la majorité des pays de la zone CFA, est omnipotent et omniprésent, très souvent comparé à un *Dieu sur terre*. C'est lui qui signe les Accords et les Traités, il peut donc les dénoncer. L'Armée de par la force qu'elle détient grâce aux armes, constitue en réalité le maillon déterminant dans l'équilibre de la nation; elle peut modifier si elle veut le cours de l'histoire d'un pays. Le Peuple est le souverain détenteur de toute légitimité et peut, quand il se met en marche à travers des manifestations massives, obtenir ce qu'il veut.

Les acteurs secondaires

Ils sont comme dans le cas précédent trois : les intellectuels et analystes, éveilleurs de conscience souvent appelés *lanceurs d'alerte*, la diaspora et les mass medias. Le rôle de ces trois entités est déterminant, il est même indispensable parce que ce sont elles qui informent, éduquent, conscientisent, et influencent les choix dans la société. Parmi les éveilleurs de conscience, on retrouve des personnes issues de toutes les couches et catégories sociales, des enseignants, des écrivains, des artistes, des politiciens, etc. La diaspora, de par son extra territorialité et sa dispersion est une force avec laquelle il faut compter. Elle apporte sa connaissance et son savoir accumulés dans plusieurs domaines et en plus de sa contribution financière, elle peut être très vocale dans le pays d'accueil au plan international. Les Mass medias qui ont toutes aussi le mérite d'éduquer sont un partenaire puissant et un atout de valeur dans la guerre de communication et d'éducation des masses populaires face aux réalités de leurs pays.

En fait, le rôle de ces acteurs secondaires définit et conditionne les décisions qui peuvent être prises par les acteurs majeurs. C'est donc d'une interconnexion profonde qu'il est question entre ces deux groupes qui ne sont pas antagonistes mais plutôt complémentaires.

Les scenarios possibles de la rupture

Sans prétention d'exhaustivité, nous avons identifié quatre cas possibles de rupture avec la Françafrique.

Scenario1

Un Président repenti dans sa conscience décide de faire amende honorable avec le peuple à qui il veut rendre sa légitimité. Il prend la décision de rompre. Dans la plus grande discrétion possible, il s'assure le soutien de l'armée et encourage un discours patriote et libératoire de son peuple à qui il explique sa décision et celui-ci s'aligne en toute solidarité face à l'oppresseur. En 1958, Sékou Touré décida de rompre avec la France, il survécu à plusieurs tentatives de déstabilisation. Cela est possible aujourd'hui pour les pays de la zone CFA. Ce scenario gagnerait en efficacité si le dirigeant fait des reformes pour installer un processus démocratique et transparent qui doit convaincre le peuple de ses bonnes intentions.

Scenario 2

Un officier patriote et républicain, nourri par la littérature des lanceurs d'alerte et autres éveilleurs de conscience prend sur lui le soin de libérer son pays avec l'aide d'autres officiers, patriotes comme lui. Il neutralise sa hiérarchie complaisante, et débarrasse l'armée d'éléments suspects. Il fait appel à la société civile pour réorganiser les institutions et les rendre démocratiques. Quand il a mis de l'ordre dans le pays, il retourne dans sa caserne après des élections libres qui mettent le pays entre les mains des patriotes convaincus qui se chargeront de conduire la rupture. Ce cas d'école a existé au Ghana avec Jerry Rawlings, il peut se répéter. Thomas Sankara l'essaya mais ne fut pas assez prudent pour neutraliser l'ennemi interne. Plus récemment nous avons le cas du Zimbabwe où ce fut le chef des armées qui organisa la sortie non violente de Robert Mugabe.

Scenario 3

Le peuple oppressé par de longues années de dictature, décide avec l'aide des medias et des éveilleurs de conscience, de descendre massivement dans la rue et de réclamer le départ du dictateur. Tenace et téméraire, ce peuple réussi à faire fuir le dictateur. Il faut cependant éviter de tomber dans la révolution à la Burkina Faso où le peuple s'est fait voler sa révolution par des politiciens rapidement recyclés. Ici, le choix du peuple ne fut pas suffisamment éclairé et guidé par les acteurs secondaires qui ne virent pas venir la supercherie de l'alternance factice. En restant vigilant, le peuple pourra se donner comme nouveau dirigeant un patriote reconnu au niveau national pour conduire la rupture.

Scenario 4

En suivant un leader ou à la suite d'un événement social suffisamment grave, le peuple préalablement éduqué, à travers un combat politique de longue haleine, peut se lever spontanément et décider de changer la forme du gouvernement. Avec des marches organisées, il demande et obtient des réformes institutionnelles qui mettent le pays dans la voie de la démocratie véritable. Des élections libres et transparentes sont organisées sous le regard très attentif des acteurs secondaires qui vont guider les populations à choisir des hommes entièrement acquis à la cause nationale. Arrivés au pouvoir, ces patriotes s'emploient à rendre le peuple homogène autour des causes unificatrices et consensuelles. Ils enclenchent alors la rupture. Issus du pouvoir populaire, ils se mettent au travail pour rendre au pays son indépendance.

Rupture sans Résistance organisée n'est qu'aventure ; les exemples des nationalistes qui nous ont précédés doivent nous servir de cas d'école pour mieux préparer nos ruptures. Le 30 juin 1960, la Belgique remet les clés du Congo à ses authentiques propriétaires ; les Belges quittent le Congo avec rancœur, sans qu'il n'y ait une africanisation des cadres pour gérer l'Administration du pays. Cette non préparation des congolais à gérer le pays se transforma rapidement en une crise de la société avec un déferlement de haine et de protestations instigués par la presse Belge (la Libre Belgique) contre Patrice Lumumba. Dès 1960, des fonds secrets votés par la Belgique (7 millions d'Euro, ce qui n'était pas rien à l'époque) ont été envoyés au Congo pour déstabiliser le régime de Lumumba en soudoyant les dirigeants congolais de l'époque pour le fragiliser. On se rappelle la fin tragique du héro congolais. Sékou Touré échappa à l'élimination physique mais son pays subit tous genres d'agressions.

DEUXIEME PARTIE

Resistance

*On peut opprimer les hommes, mais on ne peut
pas arrêter les idées, car les idées sont à l'épreuve
des balles et du temps*

....

*On est sûr de perdre les batailles qu'on ne mène
pas, JEUNESSE, c'est à toi que je parle*

CHAPITRE I:
Organiser la Résistance : préalable pour une Rupture efficace

La première partie qui traite de la rupture a présenté le système et le fonctionnement de la Françafrique. Nous savons que la plupart des guerres dans la zone CFA ont toujours eu pour objectif le contrôle et la possession des richesses. La Françafrique est un système impérialiste qui découle des clauses sur le partage de l'Afrique lors de la Conférence de Berlin en 1885 en Allemagne.

La problématique d'une résistance efficace, implique d'abord que le « ménage » soit fait chez nous, car la cacophonie qui existe dans les sociétés des pays de la zone CFA est elle-même génératrice de l'absence de changement, elle consolide tous les statuts quo et les positions de rentes que beaucoup de dictateurs des Tropiques ont acquises sur les peuples opprimés. Au regard des rouages du système corrompu qu'est la Françafrique, on peut s'interroger sur la méthode de résistance à adopter face à cette domination Française qui, par ses mécanismes fait que les Institutions des pays de la zone CFA ne sont ni viables ni fiables ; on refuse la différence, le tribalisme règne dans tous les pans de la société, facilitant la tâche d'exploitation du « Blanc sur le Noir » grâce au *diviser pour mieux régner* activé et exploité au maximum.

La Résistance des Pays de la zone CFA trouve son fondement dans le caractère universel de la Négritude de ces peuples. Comme le disait Aimé Césaire : « Plus on est Nègre plus on est universel et voir une once de négation de l'autre dans la Négritude ne pourrait relever que d'une volonté manifeste de ruser avec les principes afin de semer le trouble dans les esprits et maintenir le Nègre dans un tourbillon flou, ce flou qui fait de lui un être sans repères autres que ceux définis par ses maîtres » Aimé Césaire.

Les aiguilles de l'horloge de la victoire tournent, le temps est si précieux et demain sera un autre jour, alors il faut agir aujourd'hui, maintenant. Patriotes d'Afrique, fils intrépides de Um Nyobe, de Patrice Lumumba, de Thomas Sankara, de Nelson Mandela…etc, il est temps de se réveiller et d'affronter la situation. Si nous bougeons lentement, si nous demeurons dans cet état léthargique, alors le prix à payer sera de plus en plus lourd. Personne ne viendra le faire à notre place, n'attendons plus, arrêtons d'implorer la fin de la domination par nos prières seules, il faut compléter les prières avec l'action et se mettre d'accord sur le constat suivant : ***La Françafrique est une relation qui n'apporte pas grand-chose aux Africains.***

En dépouillant la Françafrique de tous ses aspects mensongers, on s'aperçoit qu'elle n'a été au cours des années que roublardises et exploitation du nègre. Quinze pays dits « indépendants » et « souverains » vivent un cauchemar économique et financier avec toutes les conséquences néfastes qui s'en suivent dans leur tissu social ce qui a sans aucun doute freiné leur développement. Le bilan de cette relation est très négatif pour les Africains dans la mesure où tout ce qu'ils perdent dans cette relation est un gain pour la France.

Le sort des peuples victimes de la Françafrique est incertain et leur avenir se fait depuis des années sans leur devenir, sans eux et pas pour eux. Avec condescendance et mépris à peine voilés, la France prodigue des conseils destructeurs, des solutions antiques pour des problèmes contemporains qui donnent à ces peuples l'illusion que la France « amie » fait quelque chose. On ne peut pas mépriser les Africains à longueur du temps et se servir allégrement de leurs richesses en veillant très scrupuleusement qu'il ne leur reste que des miettes pour lesquelles les peuples affamés se battent ; on ne peut plus traiter les Africains de *racailles* et se faire dérouler un tapis rouge au cours d'une courte visite dans un pays Africain.

Le comportement de la France est sous-tendu par une logique anti développement appliquée aux Africains. Pour qu'elle ne sombre pas économiquement et socialement, les 15 pays encore sous sa « tutelle » doivent rester éternellement sous-développés, il y va de la survie de la France. Il devient donc évident qu'il ne faut rien attendre ni espérer de cette relation à sens unique et mauvaise dans sa pratique. La France menteuse et habile dans ses méthodes pour s'accaparer des richesses des autres n'a jamais hésité à recouvrir aux crimes pour atteindre ses objectifs. Ce pays *aux mains couvertes du sang* des innocents chez lesquels elle est entrée sans être invitée tout en s'associant aux traîtres locaux qui font depuis le sale boulot pour leur compte et marginalise la jeunesse.

La jeunesse n'a plus de repères sociaux et elle ne se reconnait plus dans les « leaders » politiques du moment; cette jeunesse doit se ressaisir dans un sursaut patriotique et comprendre que l'heure est à la mobilisation, à la mutualisation de toutes les forces de changement qui doivent redéfinir les bases de la nouvelle coopération ; celle pratiquée aujourd'hui entre la France et les pays CFA s'articule dans une logique d'exploitation servile et brutale des ces pays Africains : la jeunesse doit s'en offusquer et se révolter. Chaque jour qui passe établit que rien ne sera « lâché » par la France qui ne veut pas introduire plus de respect et d'équilibre dans sa gestion de contrôle et de domination des pays de cette zone. Pour que la France « lâche » du lest, il faut qu'elle puisse trouver ailleurs ce qu'elle va perdre dans les pays CFA, ce qui n'est pas facile compte tenu des enjeux qui conditionnent les relations mondiales.

Clamant à qui veut l'entendre son amitié pour l'Afrique, la France dédaigneuse pille, et tue au nom des traités signés au forceps qui maintiennent les pays Africains sous sa longue domination brutale. Peut-on être ami sans respecter ses amis ? La France n'est pas notre amie, elle est un pays qui traite avec les Africains dans le seul but de les dominer et les contrôler. Les relations que la France entretient avec ses « amis » Africains sont comparables à celles d'un mauvais amant qui use et abuse de sa maitresse toujours docile, soumise et passive sans jamais se soucier du bien être de cette dernière, la réprimandant à la moindre manifestation quel que soit son objet dans une relation pré-supposée consensuelle et sensée apporter des bénéfices mutuellement partagés. La France se comporte en amant égoïste, dominateur, méchant et qui refuse d'examiner toute suggestion qui va dans le sens d'une satisfaction pour tous ; elle détermine unilatéralement tous les paramètres de la relation et ne laisse aucune possibilité aux Africains qui voient autrement la relation.

Cette relation est condamnée à mourir et ce n'est plus qu'une question de temps. Jouant des stratagèmes et manipulations de tout genre, la France réussit à faire durer la relation mais elle sera détruite grâce au réveil des patriotes Africains de la nouvelle génération affranchie et décomplexée.

Il ne faut pas se leurrer, la France restera toujours égale à elle-même et fidèle aux principes et méthodes d'exploitation et de domination qu'elle applique sur les Africains. La donnée fondamentale qui a changé par rapport aux politiques directes d'exploitation de l'époque coloniale est qu'aujourd'hui elle (la France) passe par des traîtres locaux, nos propres frères Africains. Le vrai problème est donc de trouver la parade contre ces faux frères, ceux par qui les activités criminelles Françaises passent souvent.

La politique du 3e homme : c'est le traître local au service du colon Français, celui qui appuie sur la gâchette pour éliminer son frère et détruit par là même tout rêve de liberté des peuples Africains. Souvenons-nous d'Etienne Eyadema Gnassingbé, Blaise Compaoré, Alassane Ouattara plus récemment. C'est la trahison du noir contre le noir, au profit du blanc. Les années passent et on continue à se comporter comme si on n'apprend jamais, l'histoire pourtant nous parle et nous enseigne beaucoup.

Les pays de la zone CFA doivent-ils toucher le fond de l'abime pour enfin se réveiller? Que voulons-nous encore subir? N'avons-nous pas assez souffert dans cette Françafrique qui charrie dettes, famines, maladies, guerres et morts au gré de ses intérêts? Comment sortir les pays CFA de cette torpeur? Le Christ doit-il revenir spécialement pour eux ?

Depuis le Code Noir et la Conférence de Berlin, l'homme noir est une *chose* et l'ennemi objectif du noir est l'homme blanc. Nos efforts pour ne pas faire de la Françafrique une question de races sont constamment entravés par la convergence des faits historiques qui mettent régulièrement en cause le problème racial. Si les victimes juives du Nazisme sont indemnisées à vie, qu'en est-il des noirs esclaves et de leurs descendants? Il faut s'indigner contre cette imposture qui n'a que trop duré. Il est pourtant évident que la solidarité des peuples noirs devrait être active et agissante d'autant plus qu'il est facile de montrer la convergence de nos objectifs et intérêts contre l'ennemi commun qu'est la nébuleuse Françafrique, elle-même sous-produit du grand racisme hypocrite du Monde. La vigilance et la méfiance s'imposent maintenant et toujours devant la France et ses alliés de la « Communauté Internationale » injuste qui aide activement la France à rétablir la colonisation.

Les préalables de ce que nous appelons « résistance efficace » se résument à une prise de conscience africaine des enjeux qui entourent la question Françafricaine et le devenir de notre peuple. Pour résister, les africains doivent être conscients et comprendre la position stratégique qu'ils occupent dans le monde. Ils doivent réaliser qu'ils ont toujours été des objets et doivent impérativement s'interroger sur leur position en tant qu'enjeu déterminant dans l'équilibre géostratégique du monde.

Pour résister, les africains de la zone CFA doivent sortir de leur émiettement orchestré par le schéma machiavélique et démoniaque de la Conférence de Berlin où des royaumes souverains et bien organisés se sont trouvés émiettés et reconfigurés en *sous-pays* qui ne communiquent plus entre eux. La France est le gendarme de ces *sous-pays* et son rôle est de s'assurer via le système Françafricain que personne ne sort du système. Les pays Africains doivent consolider leurs acquis pour résister, sortir des replis identitaires nuisibles pour revenir au vrai sens de la défense des intérêts de la nation, du peuple, de la région et du continent. Lorsque les européens se sont réunis à Berlin en 1885 pour le partage de l'Afrique, aucun Africain n'y était invité ; la réciproque est valable, les concertations africaines doivent également se faire uniquement avec les africains, sans intrus. Pour résister, les africains de cette zone doivent faire des prévisions, élaborer des stratégies de planification à court, moyen et long terme. Il faut poser des choix stratégiques clairs sur les options du développement souverain. Ils vivent au jour le jour et sont surpris de ce qui leur arrive…..Quand on se comporte comme un poulet, il ne faut pas être surpris de finir dans une casserole !

Dans cette prise de conscience, plusieurs cercles d'action patriotes vont naturellement émerger au sein des populations. Sans être exhaustif on aura :

> ➤ Existence au sein des peuples d'une nouvelle élite patriote et nationaliste qui doit conscientiser les populations sur les méfaits de la domination dans le but final d'éveiller un sentiment de rejet complet de la relation inégale et injuste entre la France et leurs pays respectifs.

> ➢ Identification et neutralisation des traîtres endogènes, ceux par qui la France dans notre cas passe toujours pour déstabiliser les pays en organisant des bandes de voyous sous le nom d'armées dites de libération, exploitant les divisions ethniques ou religieuses.

> ➢ Former une armée républicaine capable de défendre et protéger la nation avec la possibilité d'enrôler tout citoyen en cas de besoin.

> ➢ Former des citoyens patriotes et les mettre aux commandes dans tous les secteurs sensibles (éducation, transport, logistique, communication, sécurité, santé, armée etc.)

> ➢ Avoir un cadre institutionnel stable et au sein duquel prévalent des règles démocratiques et transparentes qui assurent la volonté du peuple.

La Résistance est la suite inévitable de la Rupture, les conditions sont propices dans les pays cfa et c'est maintenant qu'il faut agir. Comment peut-on expliquer qu'autant de millions d'hommes et femmes noirs ne se soulèvent pas contre cette Françafrique qui les oppresse ? Pourquoi ne se soulèvent-ils pas alors que tout leur donne raison pour le faire, du point de vue de la morale, de l'économie, de la logique ou tout simplement en retenant les simples valeurs et principes de la justice ? Le plus grand *miracle* que la Françafrique ait réalisé réside dans le fait que quinze pays représentant des millions d'hommes et femmes noirs soient aux mains de quelques centaines de personnes de la nébuleuse et restent *totalement* passifs, dociles et captifs.

La crise identitaire de l'homme noir Africain a atteint son niveau zéro; les autres ont écrit notre histoire et aujourd'hui encore ils continuent à le faire sous nos regards « indifférents ». Ils ont pensé à notre place et, quand il arrive à l'homme noir d'Afrique de penser, il pense comme les autres, tous les autres, sauf lui-même. Il est temps d'écrire notre histoire et de penser comme des Africains car est-il nécessaire de dire ici que jamais nous ne deviendrons Européens quel que soit la durée du temps où nous nous entêtons à réfléchir et à faire comme eux.

Avec les mouvements migratoires forcés ou voulus des Africains, ceux-ci se retrouvent, indépendamment de l'espace géographique dans lequel ils vivent ou ils s'établissent, l'homme noir d'Afrique vit dans deux mondes :chez lui (son pays d'origine) et à l'étranger (dans son pays d'adoption). La confusion identitaire qui accable le noir fait de lui un étranger dans sa terre natale, un perdu de la culture. La résistance ne sera jamais possible tant que les populations Africaines ne se seront pas affranchies de la domination culturelle.

Au risque de répéter ici ce que d'autres avant nous ont certainement pensé et écrit, l'homme noir qui continue à vénérer des Dieux imposés et importés, de calquer ses modèles de développement Européens sans les adapter à ses réalités, étale par ce comportement son arrimage à la culture Occidentale. Dans cette posture ambigüe, il finit par se reconnaitre comme une sous-émanation de cette culture qui n'est pas la sienne. Pourtant, être Noir veut dire être bénéficiaire d'un passé et d'un héritage unique, il suffit tout simplement de s'en rendre compte pour se tourner résolument vers la réalisation d'une destinée exceptionnelle. Pris dans son ensemble, l'homme noir dispose de tous les outils physiques, intellectuels, richesses naturelles… pour s'épanouir librement, sans l'aide de l'Européen.

L'impératif de changement devra amener les populations à être unies, toutes tentatives de jouer sur les craintes et la peur dans le but d'exploiter les différences (ethnique-tribales) et soulever les uns contre les autres doivent être dénoncées et sévèrement réprimées. Il faut avoir le courage et la détermination pour sortir de cette position défensive qui nous oblige à nous recroqueviller sur nous-mêmes.

Résister, c'est mettre en place une discipline dans ses affaires économiques car il ne faut surtout pas dépendre de l'aide financière auprès des institutions contrôlées par ceux qui vous oppressent et dont vous voulez vous libérer. Aucun pays cfa ajusté ne s'est développé à ce jour, bien au contraire, ils ont régressé en majorité : conclusion l'ajustement n'ajuste rien, et ne peut que consolider les doutes sur l'efficacité des dictats du Fond Monétaire International et de la Banque Mondiale. Quand 9 patients sur 10 soignés par le même médecin ne guérissent pas, il faut se poser de sérieuses questions sur ses qualifications.

Pour les peuples de la zone CFA, résister, c'est sortir de la démocratie à l'africaine mise en place : épicée, corsée et avec les mêmes effluves de forte corruption, de népotisme, de mauvaise gouvernance, d'injustices sociales et tous les autres ingrédients propres au « Continent mère » (Mother Africa). Résister c'est sortir de la démocratie mafieuse qui ne s'accommode que d'un certain type de leaders, ceux qui sont dociles et qui écoutent leurs mentors.

Résister c'est avoir conscience que le chemin qui mène à la liberté, à la souveraineté réelle est long, complexe, tortueux, il peut être arrosé du sang des martyrs et il peut être jonché de leurs corps parfois abandonnés sans reconnaissance dans la mémoire collective et historique de la Nation. Résister c'est comprendre que l'avenir de toute Nation se détermine et se joue autour des enjeux véritables qui sont de nature identitaires, géopolitiques, économiques, stratégiques et culturels. Cet avenir ne se joue pas sur la pseudo liberté d'expression et les élections truquées abusivement appelées démocratiques. Cet avenir ne se joue pas non plus sur la liberté de créer des partis politiques « inutiles ».

La lutte pour libérer les pays Africains de cette domination néo coloniale ne se gagnera qu'à l'issue de plusieurs rééquilibrages des positions stratégiques dans les domaines de souveraineté. Cette lutte sera ancrée dans la ténacité patriote d'autant plus que les intérêts sont gigantesques et les forces en présence inégales et asymétriques. Conscients de ce désavantage, est-il donc prudent pour un pays de la zone CFA d'organiser les « hostilités » ? Oui, il faut rompre parce que la liberté n'a pas de prix, elle se conquiert et conditionne le développement.

Volontaires et déterminés à défendre leur indépendance, il est impératif et urgent pour les peuples cfa de reconsidérer la démocratisation de leur pays en termes de seconde lutte d'indépendance qui s'impose sur le quadruple terrain économique, politique, monétaire et culturel (identitaire). Ayant évolué différemment dans leur quête pour l'indépendance, chaque pays en Afrique CFA a une matrice particulière en termes de cheminement sur le *quartet* de libéralisation. Chaque pays est une situation particulière même s'il existe des similarités. L'important ici est de retenir qu'il est naïf de suggérer une solution de type « One size fits all », c'est-à-dire une solution qui s'applique à tous. La voix royale vers l'indépendance totale et réelle commence par le courage politique, l'esprit patriotique et le nationalisme sans faille des nouveaux leaders qui défendent en priorité les intérêts de leurs peuples jusqu'au sacrifice suprême.

Résister, c'est prendre conscience que sans l'Afrique, la France ne serait pas à la place qu'elle occupe dans l'échiquier international. Les pays Africains CFA sont des passerelles que la France utilise pour se projeter dans la scène internationale comme puissance. Pourquoi donc ne pas se mettre ensemble, être forts pour avoir une place importante dans le concert des nations, puisque c'est nous qui faisons de la France une puissance mondiale. L'ancien président français Jacques Chirac l'a d'ailleurs bien affirmé en Mars 2008 lorsqu'il déclara que : « Sans l'Afrique, la France va glisser vers le bas dans le rang de puissance secondaire du monde ». Le prédécesseur de Jacques Chirac François Mitterrand disait en 1957 que : « Sans l'Afrique, la France n'aura pas d'histoire au 21e siècle » A titre de rappel, ce système colonial lui offre une trésorerie d'environ 500 milliards de dollars par an, en provenance de l'Afrique d'après certaines estimations.

Résister c'est s'interroger sur la vraie nature de notre identité en tant que Camerounais, Ivoirien, Togolais, Gabonais, Tchadien, Béninois, Congolais,

Equato-guinéen…etc.   Résister, c'est arrêter de nous identifier à la culture française même si nous en utilisons la langue et beaucoup d'autres aspects, c'est une aliénation à éviter. Nos langues nationales existent pour la plupart sur du papier, elles ont du mal à être enseignées dans nos écoles. Si nous n'avons pas d'identité il est temps de nous en donner une, de nous en inventer, de reconstituer celle que nous avons perdue. Nous avons besoin d'une identité qui reflète vraiment notre âme, elle sera meilleure que ce vide qui nous caractérise. Un pays sans véritable identité culturelle résisterait par rapport à quoi ? L'Africain de la zone CFA ne pense pas toujours en sa langue, il prie des Dieux importés, il porte largement des noms importés, il regarde et s'intéresse à tout ce qui se passe ailleurs sauf chez lui.

Cette acculturation est dangereuse lorsqu'elle prépare et fabrique des traîtres de l'Afrique à l'exemple de Monsieur Lionel Zinsou, ce franco-béninois qui est tout un paradoxe proclame que : «Les présidents français sont et resteront toujours les porte-parole et les défenseurs de l'Afrique ». Il exhorte les Français à garder leur exception culturelle et à « jouer de ça parce qu'il y a beaucoup plus d'Africains qui parlent le français que de Français.» Un examen attentif du parcours de cet africain déraciné va illustrer un des mécanismes de contrôle politique de la Françafrique.

 Il faut savoir que Lionel Zinsou est issu de l'une des plus grandes familles du Bénin et de l'Afrique francophone. Son oncle a été l'un des premiers présidents élus de la jeune république du Dahomey (actuel Benin) et son père fut le médecin de plusieurs dirigeants du Sénégal. L'histoire de sa famille est celle d'une élite africaine formée en France et qui a porté la modernisation de l'Afrique dans l'après-guerre. Lionel Zinsou a été associé-gérant de Rothschild & Cie avant de rejoindre en 2008 le fonds d'investissement PAI Partners dont il est devenu le PDG en 2009. Ce fonds d'investissement est le plus important d'Europe Occidentale qui conduit des opérations de levée de fonds allant jusqu'à trois milliards d'euros. Lionel Zinsou est également animateur du club Fraternité, cercle de réflexion de Mr. Laurent Fabius, ancien Premier Ministre de F. Mitterand, et administrateur du comité opérationnel du journal *Libération* désigné par Édouard de Rothschild. Il est également membre du comité directeur de l'Institut Montaigne et conseiller au cabinet du Président de la République du Bénin, Mr. Yayi Boni. Le 6 février 2015, la France a lancé l'initiative *AfricaFrance* sous la forme d'une fondation dirigée par Lionel Zinsou et soutenue par le Quai d'Orsay, siège du Ministère des Affaires Etrangères et le MEDEF (Mouvement des Entreprises de France) pour relancer les relations économiques entre la France et l'Afrique. En juin 2015, il est nommé Premier ministre du Bénin, et sera candidat à l'élection présidentielle de 2016.

Ce tableau du parcours de Lionel Zinsou nous aide à comprendre comment fonctionne le moule de la Françafrique. Rien n'est fait au hasard. Tout est minutieusement préparé. Que vaut à ce personnage autant de faveur dans la sphère Françafricaine ? Voici un Africain qui n'a pratiquement jamais vécu en Afrique, et qui veut vendre quelque chose qui ne lui appartient pas. Cet enfant de l'Afrique a une fois de plus mis le continent africain en vente lors de son plaidoyer devant les dirigeants du parti républicain UMP (Union pour un mouvement populaire en France) le 21 mai 2011 lors d'un séminaire sur « Les valeurs de la mondialisation ». Dans son désir de se faire copter et désigner candidat aux futures élections présidentielles du Benin qui allaient arriver en 2016, Lionel Zinsou rappelle aux français que « l'Afrique appartient à l'Europe ». Il se veut rassurant en demandant aux français de ne pas craindre la Chine, et en leur démontrant que le seul Continent sur lequel la France a un excédent commercial c'est l'Afrique. L'acculturation des africains est un atout et une bonne chose pour la France car il leur dit : « l'Afrique parle en français….pense en français, achète des marques françaises et européennes, et c'est complètement naturel, l'Afrique appartient à l'Europe ». Lionel Zinsou va plus loin et leur dit que l'Afrique n'appartient pas encore à l'Inde, pas au Brésil, pas à la Chine….et l'Afrique n'appartient toujours pas aux Africains. (Voir lien en annexe).

Après leur avoir fait des prévisions sur la population africaine qui a aujourd'hui 1 milliard d'habitants et qui dans 40 ans aura 2 milliards d'habitants et sera une grande puissance économique, il leur précise qu'il y aura 600 millions d'habitants dans les campagnes africaines dans 20 ans, et dit aux Français que cette démographie galopante est un atout pour eux pour encore 50 ans de croissance.

Pour couronner le tout en tant que bon élève qui traduit la pensée de son « Maître », Lionel Zinsou donne son point de vue sur le franc CFA en disant que « le franc CFA est un vecteur de stabilité et en plus c'est une devise forte. On a besoin de devise forte pour nos importations. Cette devise n'a jamais empêché la croissance de la zone franc qui est la même que celle du reste de l'Afrique. »

Voilà comment le système de la Françafrique prépare ses relais ; comment espérer que Lionel Zinsou, qui a été un fidèle de Laurent Fabius (son professeur et ancien Premier Ministre), qui l'a appelé à ses côtés comme rédacteur de ses discours, puisse travailler pour les intérêts du peuple africain ? C'est simplement un autre « nègre de maison » que nous dénonçons ici, parce que, résister c'est aussi se dire les vérités, c'est exposer les complices qui agissent contre la liberté définitive des pays de la zone CFA. D'après Mr. Zinsou, on voit que les Français sont préparés à nous mettre les bâtons dans les roues pour 50 ans encore. Nous insistons encore ici que tous ces « nègres de maison » qui trahissent l'Afrique au quotidien, tapis dans l'ombre et plus nombreux qu'on ne le pense, doivent être identifiés et neutralisés par les patriotes de la résistance.

On arrive à l'évidence que, pour qu'elle soit efficace et réussie, la Résistance doit d'abord se préparer de l'intérieur, par les patriotes qui agissent pour la mise en place de véritables espaces démocratiques dans le pays. Il est absolument illusoire et suicidaire d'organiser une Résistance contre la France si le « ménage » n'a pas été fait en interne. La France qui provoque le départ de tout leader récalcitrant dispose encore d'un vaste réseau de complices internes qui sont prêts à servir ses intérêts. L'existence de ce réservoir de complices qui se recrutent parmi les intellectuels, les parlementaires, les militaires, les membres du gouvernement, et tous les mécontents du régime, est facilitée par les très mauvaises relations qui existent entre les citoyens et leur gouvernement dans un contexte très peu démocratique en pays cfa.

Résister, c'est vérifier et rectifier les contrevérités de notre histoire écrite par les Occidentaux dans le cadre d'une refonte profonde des programmes scolaires qui demeurent influencés par la France. Dans cette optique, la théorie du réarmement mental et moral prônée par certains historiens parmi lesquels le Professeur Bwemba Bong trouve la plénitude de sa validité dans une Afrique Francophone de la zone CFA qui doit se libérer réellement. Il est impératif d'opérer cette transformation mentale sans laquelle toute Résistance serait vaine face à la grande machine de corruption et d'oppression de la nébuleuse Françafricaine.

Résister, c'est redevenir soi-même, entier et fier et ne plus jamais laisser les autres écrire notre histoire et la redéfinir. Résister, c'est fermer, verrouiller le système et ne plus permettre aux forces endogènes négatives de fonctionner en durcissant les lois et l'arsenal juridique relatifs à la notion de haute trahison de son pays.

Résister, c'est comprendre que c'est seulement dans l'unité et la détermination que le peuple est capable et sans préavis, de faire bouger les lignes. La souveraineté du peuple est une affaire qui concerne tous les citoyens, de tous les âges, de toutes les religions et de toutes les tribus. Le tribalisme est un ennemi à la libération de l'Afrique.

C'est chaque citoyen d'abord individuellement et ensuite collectivement qui doit se mettre debout pour résister dans sa nouvelle façon de penser, de faire et d'agir parce que la France ne desserrera jamais son étau sur nous et nos richesses. C'est aux peuples et à eux seuls qu'il incombe de rompre ce lien. Il faut résister à toutes formes de chantages et de pressions directes ou indirectes de la France sur nous, des chantages de dépendance sécuritaires, économiques, militaires et tous autres épouvantails utilisés pour déstabiliser les régimes qui veulent acquérir leur souveraineté. Dans ce contexte, tout citoyen est un résistant jusqu'à la libération finale. Chaque citoyen doit être à la hauteur des ambitions de son pays et le défendre farouchement avec un objectif unique le bien-être collectif et la souveraineté véritable du pays. La Résistance doit être républicaine et la jeunesse doit être au centre du combat libératoire.

Rien ne peut empêcher le changement voulu par un peuple conscient qui acquiert la connaissance, un peuple qui atteint la « masse critique » pour mettre en échec toutes violences militaires; aucune armée ne peut défaire un peuple uni et organisé. Toutes les révolutions du monde témoignent sur l'efficacité de cette arme absolue. Comment le faire ? Qui conduira ce peuple qui attend avec impatience des leaders derrière lesquels il est prêt à se ranger ? Il faut vaincre la peur.

CHAPITRE II:
Organisation, Rôle de la jeunesse et Formes de la Résistance

Les pré requis organisationnels de la résistance :

Pour mener une action cohérente, la création d'un *organe de veille* semble appropriée. Nous pensons à un Conseil National de la Résistance –**CNR-** entité centrale qui représenterait l'état dans toutes entreprises stratégiques. Il se chargera de démanteler les systèmes d'abus favorisés par de longues et douloureuses années d'ajustement structurel. On s'aperçoit aujourd'hui que l'objectif final de cet ajustement était le changement du Capitalisme d'Etat en Capitalisme Privé. Cette transformation forcée de la structure des économies ajustées fut abusivement médiatisée et présentée comme seul chemin acceptable pour le développement des pays Africains de la zone CFA. L'organisation de son appareil économique constitue la première forme de résistance pour un pays.

Empiriquement, nul n'a intérêt à donner la liberté à celui qui le fait vivre : forts de cette réalité existentielle, les pays Africains de la zone CFA dont les ressources abondantes font vivre les pays Occidentaux depuis des siècles, doivent comprendre que leur liberté ne sera réelle que grâce à leur farouche désir de s'assumer. Ceux qui rêvent et attendent docilement que le Maître Occidental les libère peuvent continuer à attendre et les espoirs naïfs de certains ne tarderont pas à disparaitre.

Il faut que les Africains de la Françafrique arrêtent de se demander ou de spéculer sur les intentions d'un Président Français dès son arrivée au pouvoir. Nous devons plutôt faire ce que nous avons à faire pour nous affranchir complètement de ceux qui nous avilissent et qui nous pillent. Se préoccuper des intentions de nos oppresseurs ne nous avance pas dans la direction de la souveraineté. L'action s'impose. Les Africains réfractaires à la rupture continuent à penser qu'il est possible de corriger les dérives du système à défaut de les éliminer, ils espèrent que la Françafrique peut s'humaniser et devenir plus équitable. Ils évoquent pour supporter leur position les liens qui existent entre les deux entités. Ces Africains naïfs et romantiques ont la mémoire courte. En leur accordant le bénéfice du doute quant à la transformation du système, que fera-t-on du lourd passif qui existe ? Personne parmi les voix qui comptent n'a abordé sérieusement le problème de la réparation.

Nous devons agir comme un groupe organisé qui comprend que le bien commun doit primer sur les attentes individuelles. Il est indispensable que chaque individu s'identifie au groupe à travers des mécanismes de justice et d'équité sociale. Nous devons agir en stratèges et arrêter de clamer tout haut à nos *ennemis* ce que nous allons faire pour nous libérer de leur emprise : taisons-nous et agissons. On ne dévoile pas sa stratégie à son adversaire quand on va en guerre, organisons-nous, soyons d'abord unis dans notre propre camp, le pays ou la région africaine, avant de passer à l'offensive.

Le rôle déterminant de la jeunesse dans la résistance

Résister, c'est s'assurer de la relève de la jeunesse africaine. L'offensive n'est possible que si chaque pays se lance résolument dans l'élimination des maux qui minent l'unité nationale. Les sociétés sont très souvent désorganisées et l'absence de valeurs de référence est criarde. La jeunesse, abusivement appelée « fer de lance de la nation » est abandonnée à elle-même et se livre à la débauche et aux comportements destructifs sous le regard « encourageant » ou à la limite indifférent des autorités. C'est pourtant cette jeunesse qui libèrera les pays de la domination, il faut donc l'encadrer, la former et l'éduquer, bref la réarmer moralement pour focaliser son attention sur les véritables enjeux. Les partis politiques et les organisations de la Société Civile peuvent jouer un rôle d'encadrement et de coordination.

Résister c'est apprendre à notre jeunesse que notre peuple doit forger un esprit de sacrifice, faire preuve de créativité et de détermination ; tels sont à notre avis les ingrédients nécessaires pour construire une génération proactive et soucieuse de définir son avenir au lieu de s'avilir et d'accepter avec résignation la « mort » au bout du compte. La jeunesse Africaine doit se décomplexer de l'Occident et de sa culture de séduction, les jeunes doivent comprendre qu'il n'y a pas de fatalisme dans leur condition. Ils sont capables de libérer leur pays, cette jeunesse doit cesser de prétendre, elle doit agir. Jeunesse d'Afrique au Sud du Sahara, réveille-toi, et réagit. Il faut regarder devant soi, cessez de marcher à reculons, dans le noir, les yeux fermés. Il n'existe pas d'avenir dans ces conditions.

A nos Jeunes frères et sœurs, nous rappelons que les pays vous appartiennent. Si vous ne prenez pas en mains votre destin, personne dans les gouvernements qui vous dirigent ne s'occupera vraiment de votre avenir. L'urgence de l'action est avérée, il convient de bouger, de préférence plus tôt que tard, sinon, le tribut à payer sera très lourd. C'est bien à vous qu'incombera la tâche de réparer ces dégâts commis sous vos yeux, avec plus ou moins votre « accord » tacite. Témoins oculaires de vos propres injustices, votre hésitation finira par faire de vous des co-responsables de vos propres problèmes.

La jeunesse ne devrait plus écouter la vieille génération, celle-là qui n'a pas donné de repères, ni d'assistance aux jeunes laissés à eux-mêmes. A la charge de la jeunesse, on peut leur reprocher une trop grande propension à se corrompre par la prostitution, l'usage abusif des alcools et des stupéfiants. Quand une génération a failli à son devoir, il revient alors à la génération suivante, celle qui subit et qui est lésée, de « bouger », de se « réveiller » et de « bousculer » la génération corrompue. Les jeunes au Sud du Sahara ne l'ont pas encore fait, ils ont essayé dans certains pays avec des résultats mitigés, avec un constat que le prix à payer était trop lourd.

La jeunesse doit réaliser une fois pour toute, qu'elle est incontournable dans la lutte, elle doit pouvoir comprendre la profondeur des enjeux et pouvoir poser les paradigmes qui lui sont propres afin de pousser à la sortie la génération qui la précède et qui ne prend aucune initiative salvatrice. Résister, c'est considérer tous les enjeux de Berlin avec beaucoup de sérieux, de gravité et de recul ; scruter les conséquences néfastes qui découlent du pacte Européen contre l'Afrique noire. Les jeunes doivent tirer des enseignements sur les réalités du monde.

C'est d'une jeunesse valorisée, confiante et décomplexée qu'il s'agit. Celle qui croit en elle et qui veut attaquer la reconstruction de son avenir en allant résoudre les problèmes à leurs racines. C'est une jeunesse qui sort de sa passivité, de son indifférence et qui met de côté les querelles tribales, c'est une jeunesse conquérante, prête au sacrifice et farouchement déterminée à déclencher un véritable changement.

La haine de soi-même et des autres, le manque d'amour pour le pays qui n'a rien fait pour la jeunesse font que les jeunes ne se reconnaissent pas au système qui les ignore et les considère comme des inconnus en marge. Cette relation conflictuelle entre la jeunesse et son pays conduit à une certaine indifférence méprisante de son propre pays par les jeunes qui finissent par y vivre comme si ils étaient des étrangers, ce qui en retour peut expliquer le désir frénétique des jeunes à s'expatrier aux risques de leur propre vie.

Abandonnée à elle –même, la jeunesse tourne son regard ailleurs, parfois « murit » prématurément dans le mauvais sens en adoptant des réflexes d'un cynisme déconcertant. Cela fait le lit d'une jeunesse corrompue, elle devient malhonnête, paresseuse, alcoolique, passive et produit un individualisme malsain. Elle renonce à penser au bien collectif. Leur action devient conditionnée à tout ce qu'on leur propose, la question en retour est la suivante : « Qu'est-ce que je gagne dans ça ? C'est ainsi que naît la « démission collective » des jeunes, ils deviennent trop attachés à la facilité, et ils veulent progresser en dormant.

Il faut inculquer aux jeunes les valeurs fondamentales, celles qui constituent le socle d'une société avancée. Certaines de ces valeurs sont : le travail bien fait, le sens de la responsabilité, l'amour pour le bien commun, la justice, la rectitude morale, la discipline, le respect, l'ordre…etc valeurs sans lesquelles aucune société ne peut progresser si elles ne sont pas assimilées par la vaste majorité.

« La Solution Patriote » est la seule qui pourra libérer les peuples d'Afrique de la zone CFA de leurs misères. Cette solution n'est possible qu'avec une jeunesse formée et militante et qui commence à s'imprégner des notions patriotiques au niveau de l'enseignement primaire. L'exemple du « Pledge of Allegiance » aux Etats-Unis est très édifiant. En effet, par un acte de récitation quotidienne simple et d'une durée qui n'excède pas une minute, tout jeune écolier Américain est sensibilisé au jour le jour à la notion de la patrie. Les pays d'Afrique ont des jeunes capables, il suffit tout simplement de bien les encadrer. Comment peut-on expliquer que les jeunes « paresseux » d'Afrique deviennent tout d'un coup des travailleurs efficaces, responsables, vertueux et pleins d'initiatives dans les entreprises qui les emploient quand ils s'expatrient en Amérique, en Europe ou même en Chine ?

La jeunesse africaine est le socle puissant et combatif qui doit constituer l'avant-garde de la Résistance dans la mesure où il s'agit de leur avenir. La jeunesse doit absolument se lancer dans la Résistance à travers une formation militante de base qui va la doter des fondamentaux qui régissent les équilibres géopolitiques et géostratégiques du monde. Il convient surtout d'éveiller leur conscience nationale et de promouvoir des ambitions nobles et patriotiques dans la réalisation du bien de la Cité. Une jeunesse «orgueilleuse » et « rebelle » dans le sens noble.

Cette jeunesse *insoumise* doit rejeter toute tentative d'aliénation d'où qu'elle provienne et elle doit rester vigilante et neutre par rapport aux gouvernements qui très souvent cherchent à l'instrumentaliser.

« Servir et non se servir » devra être leur devise dans l'action commune qui doit être menée dans l'unité. Cette jeunesse doit faire bloc devant toute ingérence étrangère et surtout comprendre que, quelques soient nos divisions internes, il est totalement inacceptable qu'un « étranger » s'immisce dans nos affaires. Ensemble, cette jeunesse doit combattre toutes actions contraires ou nuisibles aux idéaux nationalistes et surtout comprendre que la division d'un peuple est la porte ouverte à l'ingérence des Occidentaux dans nos pays. Un proverbe bien de chez nous ne dit-il pas « Qu'il ne faut jamais inviter un loup pour servir de médiateur dans la querelle des agneaux ». Il dévorera tous les agneaux sans résoudre la querelle.

La formation militante et civique de la jeunesse passe par une rééducation qui visera en premier lieu à corriger ou à modifier ses tares. En effet, de nos jours, la jeunesse copie très vite ce qui est mauvais, elle choisit des raccourcis et elle opte pour la facilité contre l'effort et le goût du travail bien fait. Elle navigue comme un navire ivre dans des eaux troubles en absence de valeurs et de repères sociaux, ce qui facilite l'installation de la corruption. Laissée à elle-même dans ces conditions équivaut à la conduire à la dérive. Il faut remettre dans les programmes scolaires l'étude et la pratique des valeurs et vertus qui ont disparues des comportements, ce sont par exemple, la justice, l'amour, le travail, l'effort, le partage, l'audace réfléchie, la détermination, le courage etc.

Articulée autour de l'économie, l'éducation fondamentale de la jeunesse doit revaloriser les cultures Africaines intègres et porteuses de valeurs morales universelles. Stopper ou tout au moins limiter l'ingérence étrangère dans nos cultures et démystifier l'idée qui veut que tout ce qui vient du « blanc » est bon pour nous. Non, la perversion des mœurs vient du blanc, elle ne doit pas passer chez nous.

Laissée à elle-même et très souvent abandonnée par des gouvernements irresponsables, la jeunesse doit être encadrée par une nouvelle race d'adultes nationalistes et patriotes qui les valorisent. Que n'a-t-on pas vu dans les pays Africains de la zone CFA, sous prétexte d'hospitalité, ils ont tendance à mépriser leurs citoyens pour mieux respecter l'étranger. Notre expérience en terres étrangères, nous fait observer qu'il n'y a pas un pays qui traite les étrangers mieux que ses nationaux. C'est l'inverse du constat précédent que nous faisons dans les pays de la zone CFA, les nationaux sont moins bien traités que les étrangers non africains chez eux. Quand elle n'est pas brutalisée, instrumentalisée ou intimidée, la jeunesse ne doit son « existence » comme entité sociale homogène tolérée que parce que les gouvernements se servent d'elle, elle est seulement un moyen et on ne veut pas qu'elle soit une fin.

La Résistance comme dans le cas de la Rupture est d'abord individuelle, elle requiert un certain degré de préparation et d'attachement aux valeurs qui incarnent la liberté et la souveraineté. Il faut être préparé mentalement et spirituellement car, lorsque le mental est bien préparé, le corps ne peut que suivre : on peut briser le corps mais pas l'esprit. Aucune nation Occidentale ne peut dominer un peuple qui refuse farouchement la domination, aucun pouvoir, si violent et criminel soit- il, ne peut vaincre la volonté de tout un peuple surtout quand celui-ci est déterminé.

La Résistance dont il s'agit ici est celle qui requiert que la population soit consciente et éduquée au jeu de la résistance. Résister c'est connaitre le jeu géopolitique de l'occident, de l'Europe et de la France contre la zone CFA et ensuite se mette en ordre de bataille à l'intérieur de sa propre nation d'abord, se doter des moyens forts pour faire face aux actions déstabilisatrices de la partie adverse. Il est illusoire d'organiser une Résistance lorsque la nation est inorganisée, peureuse et permissible à tous actes de trahisons ; un pays désorganisé est un pays vulnérable.

Formes et aspects de la résistance

La Résistance ne se proclame plus, elle se vit : il ne faut plus avoir peur, il ne faut plus réclamer ses droits, il faut les vivre et les pratiquer au quotidien. De cette manière seulement viendra le reflexe interne des populations qui imposera respect de la part des autres (Occidentaux). On ne demande plus la permission de nous libérer ou de nous respecter. Notre façon de faire doit désormais traduire notre indépendance d'esprit et de décision. Sans céder, ni subir des pressions de la part de la Communauté Internationale au service du monde Occidental.

Résister, c'est s'insurger et s'indigner ouvertement contre les meurtres et les assassinats, les assauts armés contre le peuple d'Afrique noire. En France, lorsqu'il y a des morts suite à une catastrophe ou une insurrection, même si c'est un seul mort, toute la République s'indigne et s'incline en posant une fleur à la place de la République à Paris, en guise de compassion. D'après le site times24.info, Mr. Yayi Boni a décrété un jour de deuil national pour exprimer sa solidarité et sa compassion envers le peuple Français après le massacre de Charlie Hebdo. L'Afrique enregistre tous les jours des milliers de morts parmi lesquels beaucoup de jeunes dans les attaques terroristes. Les victimes des attentats de Boko Haram au Cameroun, au Tchad et au Nigeria se comptent par milliers. Il n'y a pas longtemps, au Kenya, il y a eu un attentat terroriste à l'université de Garissa qui avait fait plus de 140 morts, tous des jeunes. En République Démocratique du Congo, la guerre pour les minerais a déjà fait plus de 6 millions de morts ; au Mali, il y a eu des attentats terroristes qui font beaucoup de victimes innocentes. Mr. Yayi Boni et plusieurs dirigeants africains n'ont jamais décrété de jour férié ou de deuil national pour tous ces innocents africains qui meurent tous les jours. Jusqu'à quand resterons-nous des sujets d'étonnement, de raillerie et de honte ? Résister c'est montrer au reste du monde que la vie des Africains est aussi importante que celle des autres.

L'Afrique aujourd'hui est devenue le « théâtre de l'absurdité » ce qui s'y passe dépasse tout entendement et le bon sens. En effet, comment expliquer l'existence concomitante des terres riches avec une pauvreté, une famine criarde des populations ? Le soleil y brille en principe toute l'année mais il n'y a que très peu d'exploitation des technologies utilisant l'énergie solaire qui pourtant occasionnerait de faibles coûts de production? Une multitude de rivières et fleuves traversent le Continent mais il n'y a pratiquement pas d'eau potable dans les maisons ! La théorie de la résistance que nous développons est celle qui consiste à aller à la racine des problèmes, poser les vraies questions et demander que la solution adéquate soit trouvée et appliquée.

Une des vérités immanentes de la vie établit que la liberté humaine est un acquis naturel qui fait de l'homme le maître absolu de ses actions et ne peut souffrir de contraintes extérieures que de manière temporaire si et seulement si l'homme l'accepte. Même sous l'effet de la contrainte externe brutale, l'homme reste maître de son destin et souverain décideur de celui-ci. Chaque citoyen a pour devoir ultime la défense de son pays par tous les moyens, avec les armes dont il dispose ou qui peuvent en certaines circonstances être mises à sa disposition.

Mains nues ou armées, les citoyens des pays de la zone CFA, principaux perdants de la Françafrique doivent s'insurger férocement contre cette domination étrangère ; ils doivent combattre toute forme d'occupation ou de contrôle de leur pays par les forces étrangères ou même internationales qui souvent deviennent partisanes (cas des forces de l'ONU en Côte d'Ivoire qui très ouvertement prirent la défense d'Alassane Ouattara contre Laurent Gbagbo lors des élections contestées de

2010). La leçon à tirer ici par les citoyens de la zone CFA est qu'il ne faut faire appel à l'étranger pour la résolution des conflits purement Africains. Ni (l'OTAN) Organisation du Traité de l'Atlantique Nord, ni l'ONU, ne doivent s'ingérer dans les problèmes africains. Il faut trouver des solutions Africaines. A trop faire appel à l'étranger, on finit par leur être *redevable,* ils sont les seuls à déterminer le montant de la *dette* et toutes les autres contraintes qui s'y rattachent. Ces forces étrangères venues au départ à votre aide, se transforment très vite en forces d'occupation. Vigilants et méfiants à l'égard des forces venues d'ailleurs, les citoyens doivent comprendre qu'il n'y a jamais d'occupation positive ; toute occupation ou domination est toujours suivie d'exploitation, d'injustice, de misère, de viol et humiliation sous le regard résigné des populations matées et terrorisées par les armes. L'exemple récent de la Cote d'Ivoire avec les alliés français et Occidentaux de Mr. Ouattara qui l'ont porté au pouvoir nous édifie. Le *deal* était simple : la France porte Mr. Alassane Ouattara au pouvoir et en contre partie il protège ses intérêts économiques, militaires et stratégiques. Derrière cette installation au pouvoir, se cache la préservation et la domination de la cinquantaine de grands groupes français présents en Côte d'Ivoire. Bouygues va avoir un troisième pont important sur la lagune, Bolloré continue d'être très bien implanté. Total devait signer un contrat d'exploration pétrolier pour un gisement très prometteur qui se trouve à la frontière du Ghana, mal lui en a pris car le gisement est revenu au Ghana. Le groupe Accor a signé officiellement la reprise de l'Hôtel Ivoire à Abidjan. Sur le plan diplomatique, l'influence de la Côte d'Ivoire reste importante au niveau régional. On peut imaginer qu'aux Nations Unis, la France puisse obtenir le soutien d'un bloc de voix africaines sur les différents sujets, ce qui avait manqué à Paris lors de l'intervention en Libye. Sur le plan militaire, la priorité a été donnée à la signature d'un nouvel accord de défense pour davantage asseoir une présence française plus forte en Afrique.

La Résistance à ces forces externes devient un impératif patriote pour les citoyens. Pour espérer un avenir meilleur, il faut être prêt au sacrifice de soi pour la libération réelle du pays ; le sacrifice suprême ou la mort physique pour la liberté de son pays est un honneur. On doit s'impliquer. Seuls les héros véritables préfèrent la mort à la vie et refusent de se soumettre à la torture ou à la corruption. On ne peut céder à une domination qu'avec son propre consentement qu'ils s'agissent de dominations internes ou celles des puissances étrangères dans un pays. Il y a toujours un prix à payer pour toute révolution.

Résister c'est réaliser l'urgence de la nécessité de s'organiser parce que le peuple noir est en *guerre*. Il faut faire bloc face à l'impérialisme monétaire de la zone CFA, qui a trop duré. Il faut que les mentalités évoluent et intègrent dans leurs pratiques le processus de changement générationnel non conflictuel ; cela fait partie de la culture pour tout peuple qui contrôle son destin, cela devrait même être un réflexe dont la jeunesse devrait s'en approprier.

Résister c'est dénoncer tous abus, toutes les conventions de coopération, les contrats d'affaires qui engagent l'exploitation des ressources naturelles de la zone CFA, et les étudier au peigne fin. Toutes tentatives de manipulation ou de corruption de certains hommes politiques par les puissances Occidentales deviendront facilement détectables grâce à la vigilance des populations civilement éduquées et qui désormais se lèveront de manière spontanée pour défendre les intérêts nationaux. Les peuples désormais conscientisés ne se laisseront plus tromper par des mots et des slogans creux. La gouvernance par embuscade et par effets d'annonce ne passera plus. Un mot tel que changement, abondamment utilisé dans les discours démagogiques ne pourra plus véhiculer de fausses attentes dans l'esprit des citoyens devenus réalistes et pragmatiques et faire des choix à leur avantage. Le peuple éduqué sait discerner et comprendre que changement ne veut pas dire progrès ou même amélioration. Tout apport qui ne marque pas un changement qualitatif et quantitatif mesurable doit être rejeté. Le « relookage cosmétique » des hommes politiques sans épaisseur et des projets de société sans prévision ni vision ne sera plus servi au peuple éduqué et fatigué de subir les mêmes politiques accablantes : vie très chère, corruption endémique, insécurité et criminalité. Libéré, le peuple peut se créer des alternatives crédibles qui mettent l'intérêt national au centre de toutes décisions.

Conditions d'efficacité et mérite de la résistance civile

Pour améliorer les perspectives de succès, l'un des objectifs stratégiques de la résistance civile devra être axé sur le retournement de loyauté des forces de défense et de sécurité en faveur des demandes du peuple d'une part et l'adhésion des intellectuels et des bureaucrates d'autre part; surtout éviter une division au sein des forces de défense qui risque de conduire le pays à une guerre civile, ce qui arrangerait la France..

Les cas de la Syrie, de la Lybie et de l'Egypte où la scission des loyautés dans l'armée mena tout droit aux situations que vivent ces pays à savoir destruction totale de l'Etat en Lybie, guerre sanglante en Syrie, inversion du mouvement démocratique en Egypte, doivent servir de leçon. La résistance civile non violente est à coup sûr l'une des armes les plus puissantes disponibles aux peuples oppressés dans leur recherche de justice sociale. Dans le contexte de la Françafrique, il s'agit de justice économique, de justice politique, de justice culturelle indépendante vis-à-vis de la France qui comprime les exigences et les aspirations des peuples à assurer et assumer leur propre destinée.

L'essence de la Résistance civile qui sous-tend notre propos est une autre manière de s'opposer à la puissance oppressive de la France. C'est une arme de défense contre une *attaque* externe ; *l'invasion virtuelle* des pays de la Françafrique, avec tous ses effets dévastateurs visibles et connus, est comparable à une invasion physique et occupation réelles. La résistance civile est également une arme de défense contre une usurpation interne du pouvoir par des dictateurs au service de la Françafrique. En effet, incrustés au pouvoir volé aux peuples, ces dirigeants s'imposent pendant plusieurs décennies : ceci est assimilable à un coup d'état permanent. C'est donc d'une résistance civile à deux niveaux qu'il s'agit ici : celle contre l'envahisseur extérieur français et celle contre les dirigeants internes. C'est le combat du peuple patriote contre les dictateurs et leur parrain de la Métropole. Le peuple patriote conduit par conséquent un double combat, l'ennemi interne étant plus à redouter que l'envahisseur.

L'ennemi interne agit à visage masqué et peut infiltrer les groupes de patriotes avec comme dangers majeurs le risque de déstabilisation des groupes de résistants au combat dans les pays. La Résistance civile sous sa forme non violente nous apparaît comme la plus appropriée et la plus stratégiquement apte à produire des résultats probants dans la décision de Rupture. Cette forme de Résistance a en elle tous les éléments civiques et qualitatifs qui se réfèrent à la société dans son ensemble, où l'action envisagée ne se limite pas à la désobéissance mais inclue toutes les normes qui supportent une société construite sur la base de la justice sociale et contre les usurpateurs externes et internes. La décision de résister s'appuie non sur les émotions mais sur un vaste ensemble de règles et méthodes prudentielles avec un puissant fondement dans l'éthique humaine et toutes les considérations légales nationales et internationales. C'est une Résistance qui doit tenir compte de toutes les techniques actuellement en usage dans l'infrastructure communicationnel des sociétés modernes dont le but ultime est de toucher en temps réel, une vaste majorité des populations organisées à l'intérieur des comités de Résistance au plan national, régional, et aussi international pour impliquer efficacement la diaspora dans le combat.

La Résistance civile conduira à la séparation d'avec la nébuleuse Françafricaine parce qu'elle s'appuie sur une cause juste, le droit légitime et souverain des peuples qui doivent prendre en mains leur propre destin. C'est une posture qui met de l'importance sur les aspects positifs de la rupture pour établir une relation plus équitable.

En jetant un regard critique sur l'évolution des peuples au cours du 21e siècle, on constate de manière récurrente que la majorité des peuples qui font face à l'oppression ont réussi à mieux organiser leurs communautés dans le combat non violent. Ils ont aussi acquis des droits, des libertés et la justice sociale avec un impact qui a modifié la marche interne du pays de même que l'évolution des relations internationales. Dans sa structure originelle, la Résistance civile vise aussi le combat contre la corruption endémique et systémique qui nourrit l'inféodation d'une classe élitiste à la Métropole Française. C'est aussi le combat contre toutes formes de violences infligées aux peuples qui côtoient la misère au quotidien; c'est également la lutte contre toutes les impunités que l'on observe dans la conduite des affaires gouvernementales et dans la gestion frauduleuse des multinationales étrangères qui utilisent en toute désinvolture évasion fiscale, destruction de l'environnement et chantage financier. Pour dire simplement, la Résistance civile a le mérite de conduire à une construction nationale plus démocratique.

L'organisation de la Résistance civile et les formes qu'elle peut prendre au cours du temps imposent des considérations stratégiques et tactiques qui doivent minimiser les contraintes et les obstacles qui logés dans les aspects suivants:

> ➢ L'identification des enjeux et la définition des objectifs clairement établis.

> ➤ Le développement d'une vision consensuelle, inclusive et galvanisante de la Résistance civile et son acceptation par les populations qui doivent l'intégrer dans leur vécu en toutes circonstances.

> ➤ La recherche et la construction d'une position claire, acceptée par toutes les parties impliquées dans la lutte pour éviter les divisions et pour consolider la méthode dans le travail ensemble (afin de minimiser l'exploitation de l'argument ethnique ou religieux trop souvent utilisé pour déstabiliser).

> ➤ Assurer l'encadrement et la cohésion des populations que l'on aide à surmonter leurs peurs et les inciter à ne pas agir de manière isolée.

> ➤ L'élaboration des stratégies nationales et internationales pour contenir les détenteurs du pouvoir institutionnels et surtout s'assurer que ces deux stratégies sont en symbiose.

> ➤ Eduquer et disséminer l'information sur les méthodes de la Résistance civile.

> ➤ Convaincre les populations à maintenir une discipline dans le combat non violent même dans l'hypothèse où les tenants du pouvoir useraient de la violence contre elles.

Sans être limitatifs ni exhaustifs, les aspects que nous venons d'examiner peuvent devenir plus complexes dans leur réalisation, compte tenu du fait que les résistants patriotes non violents ont en face d'eux des adversaires redoutables qui disposent du pouvoir de l'Etat. Ils n'hésiteront pas à utiliser la violence pour persécuter le mouvement de Résistance et surtout pour neutraliser ses leaders. Disposant de la force de la loi qu'ils peuvent manipuler à leur avantage, des ressources humaines professionnelles et organisées (forces armées et administratives), les forces internes feront recours à différentes formes de répressions. On assistera souvent au vote hâtif de nouvelles lois, la privation des moyens de communication (internet), la censure de la presse et autres formes de média grâce aux organes régulateurs entièrement aux ordres et acquis à la position gouvernementale. La problématique de la résistance patriote se heurte dans ce cas à une très grande difficulté lorsque le détenteur du pouvoir est très hostile au progrès d'émancipation des populations.

Dans son état embryonnaire, la Résistance est organisée par les partis politiques de l'opposition. Préparée minutieusement et bien exécutée, la résistance civile des patriotes organisés dans les forces fédérées en corps plus homogène peut ébranler durablement l'édifice Françafrique. Elle peut le fissurer méthodiquement à partir de ses points les plus névralgiques et aboutir à son effondrement définitif. Envahisseur virtuel et occupant étranger, la Françafrique sera éliminée par les patriotes non violents ayant surmonté la peur et l'intimidation instillées par les régimes brutaux et dictatoriaux en place. Seules des manifestations civiles massives peuvent ébranler durablement les régimes corrompus et éventuellement leur faire perdre le soutien des *alliés* au sein des forces armées et de sécurité. Il convient d'insister encore que sans le soutien des armées, aucun régime en place en Afrique Francophone ne peut faire face à la résistance civile des patriotes.

Regroupés au sein de comités de Résistance, le travail des patriotes ne sera pas un long fleuve tranquille, bien au contraire il faudra s'attendre à beaucoup d'adversité. Ils devront démontrer une très grande capacité à surmonter les difficultés et tous les entraves qui se présenteront. La construction d'une unité de Résistance cohérente et durable est impérative et les patriotes restent dans la vigilance ; avoir une grande capacité d'écoute de tous les partisans et une compréhension des problèmes soulevés par des personnes issues de différentes couches sociales. Cette compréhension doit aller au-delà de leurs vues politiques, elle se doit d'inclure la connaissance du vécu quotidien des partisans, y compris leurs craintes, leurs attentes et leurs espoirs.

L'intégration de tous ces aspects est fondamentale dans l'élaboration et la mise en marche de la vision stratégique de la Résistance. Il faut faire preuve d'un esprit critique face à la *nébuleuse* et ses méthodes. La Résistance sera effective s'il y a une confiance réelle entre partisans et une forte mutualisation des idées et des moyens. Ainsi, la cohésion du mouvement de Résistance va s'appuyer sur un socle relationnel où confiance et connaissance des autres se bâtissent sur un espace temporel qui peut être plus ou moins long : rien n'arrivera et ne se fera facilement, c'est à une « guerre des tranchées » qu'il faut s'attendre si on doit vaincre la Françafrique.

A travers une stratégie cohérente, les patriotes résistants parlent haut et fort et défient de manière osée et déterminée la façon de faire des usurpateurs en s'assurant de faire ressortir et clarifier tous les aspects de leurs luttes qui risquent d'être mal perçus et mal compris par le publique pour gagner son support. Dans leurs interventions, les patriotes doivent rappeler au grand public leur identité et leur appartenance au peuple oppressé, créant ainsi une plus grande solidarité qui renforcera la connexion entre eux.

Mettant en évidence les abus et les privilèges des profiteurs de la Françafrique en opposition aux misères du reste du peuple, la rhétorique de la Résistance manœuvre prudemment et cherche à bâtir une coalition consensuelle en identifiant un ensemble de valeurs partagées, des symboles, une souffrance commune, des intérêts partagés par le peuple. Le but recherché c'est éviter une fracture brutale entre les enfants d'un même pays et minimiser par là même les risques de sombrer dans une guerre de sécession ruineuse et qui peut laisser des plaies difficiles à panser. Le discours du patriote résistant est un discours unificateur qui donne des gages de protection et de sécurité à tous les repentis y compris les collaborateurs de la Françafrique.

La Résistance civile est portée par un mouvement capable d'innover à tout moment pour épouser les nouveaux contours d'un combat à paramètres très variant. En plus d'être innovant, les patriotes doivent maintenir l'initiative des *combats* en les déplaçant tactiquement vers des terrains que les oppresseurs ne maîtrisent pas ou ne contrôlent que très partiellement. L'objectif recherché étant de conserver l'avantage psychologique sur leurs adversaires internes et externes.

On est certain de perdre les combats que l'on refuse de mener, c'est inévitable et tel doit être l'attitude et le mental qui sous-tendent la vision de résistance patriote. Ce combat est mené contre une injustice flagrante envers les peuples cfa, et toute répression violente des pouvoirs locaux contre les populations en Résistance non violente devra être très judicieusement exploitée dans les médias afin de déclencher des effets contre productifs contre les pouvoirs locaux et inverser le capital de sympathie en faveur des résistants au niveau international.

Une Résistance qui veut se donner des chances de réussir doit forcément s'appuyer sur une compréhension parfaite du dispositif de la nébuleuse Françafricaine. Les propositions que nous avancerons dans les pages qui suivent dérivent de l'analyse systémique de la Françafrique menée dans la première partie de notre réflexion et qui avait conduit au caractère inévitable et impératif de la Rupture.

Conscient des insuffisances potentielles de nos analyses, nous précisons encore ici que notre objectif est de proposer des pistes explorables et exploitables pour la réussite du processus de rupture des 15 pays cfa. Loin de voir dans nos propos une solution unique, nous insistons sur le fait que ceux-ci doivent être pris et compris dans un contexte de complémentarité à toutes autres propositions ou positions qui concourent à la libération effective et la souveraineté totale des pays encore maintenus captifs par la France qui reste nerveusement hostile pour desserrer l'étau qu'elle continue d'appliquer sur ces pays. Qu'il nous soit permis de rappeler qu'il s'agit ici d'une véritable guerre de libération moderne contre la France et toute domination. La volubilité verbale excessive de l'homme noir est contreproductive et préjudiciable au combat de résistance. La stratégie doit être implémentée dans la discrétion puisque tenir tout dans le secret n'est pas possible vu la diversité des acteurs. Quand la France « prépare » ses coups, elle ne vient jamais nous exposer sa stratégie dans les médias publics tels que le font aujourd'hui la plupart des Africains.

Il est temps que nous sachions préparer nos stratégies dans le silence si nous voulons bénéficier de leur efficacité et des effets de surprise qui accompagnent la discrétion. Notre offre s'inscrit par conséquent dans le cadre d'une stratégie de Résistance normative, c'est à dire que nous déroulons dans un ordre voulu, une série de contraintes et de paramètres décisionnels qui s'enchevêtrent dans des séquences ordonnées dont l'objectif s'appuie sur des jugements pertinents susceptibles de produire des tactiques victorieuses.

CHAPITRE III:
Résistance patriote : le triptyque unité, préparation stratégique et discipline

Unité, préparation stratégique et discipline sont les trois paramètres essentiels qui peuvent conduire au succès de la Résistance citoyenne à travers des mouvements non violents. En absence de toute négociation pacifique avec la France, l'évidence qui s'impose est qu'il faut arracher sa souveraineté réelle. On peut le faire en utilisant une stratégie qui sera supérieure à celle que le pays de Molière utilise depuis plus de 75 ans (naissance du franc CFA en 1945) pour nous maintenir captifs à l'intérieur d'un système ravageur sur plusieurs aspects. Il est plus que souhaitable d'y mettre fin. Pour les craintifs, c'est un *combat* qu'il ne faut même pas initier car il est perdu d'avance. Cette posture de lâcheté défaitiste est sous-tendue par l'hypothèse répandue qui soutient que le pouvoir se fonde avant toute chose sur le contrôle des ressources humaines, matérielles, et la capacité à exercer la violence. C'est ainsi que fonctionne l'Etat dictateur en l'Afrique cfa en quasi impunité ; avec cynisme et désinvolture il mâte violemment toutes tentatives de révolte des peuples désorganisés et peu éduqués en matière de résistance civile non violente.

L'observation des mouvements de Résistances pacifiques des peuples, établit qu'ils ont connu des succès par le fait qu'ils ont su mettre en place d'une façon ou d'une autre, une stratégie qui annule et neutralise la force brutale de leurs adversaires. Le succès de ces stratégies non violentes repose exclusivement sur l'organisation et la détermination des peuples qui se mobilisent dans des foules qui atteignent la « masse critique », qui rend totalement inefficace la majorité des armées tropicales. Le choix de la Résistance pacifique n'est pas un choix basé sur la morale, il relève plutôt des considérations et des exigences stratégiques. Les peuples opprimés de la Françafrique peuvent s'inspirer des exemples historiques qu'ils peuvent adapter à leurs réalités spécifiques pour se débarrasser du dirigeant local et son tuteur tous indésirables.

Dans la décennie de 1930 et 1940, le courageux peuple Indien arrache son indépendance à la puissante armée Britannique en se mobilisant massivement à la non coopération, boycotts économiques, boycotts scolaires, grèves multisectorielles, désobéissance financière en refusant de s'acquitter d'impôts divers au demeurant très injustes et inéquitables, paralysant pratiquement le pays et le rendant presqu'ingouvernable. Ces actions, au bout du compte obligent les Britanniques à quitter le pays et les Indiens arrachent leur indépendance.

Au cours des années 1950 et 1960, les mouvements des droits civiques des minorités aux Etats Unis, sont parvenus à arracher leurs droits et ont obtenu l'égalité de traitement. Cette victoire ne fut possible que grâce à la mise en place et à la persistance des campagnes non violentes, telles que les boycotts des moyens de transport populaire (les bus à Montgomery dans l'Etat de l'Alabama), le sit-in pacifique aux comptoirs de restaurants exclusivement réservés aux blancs dans la ville de Nashville dans l'état du Tennessee. On constate ici que ces stratégies de résistance basées sur les failles et les faiblesses du système de ségrégation raciale longtemps institutionnalisées, ont réussi en s'attirant des partisans et des sympathisants qui se rallient à leur cause indépendamment de leur race.

En 1968, aux Philippines, des activistes sociaux, organisés dans des mouvements non violents, se joignent aux milliers de déserteurs militaires pour rallier des millions de manifestants, qui marchent contre le pouvoir dictatorial de Ferdinand Marcos et son équipe très soutenus par la puissance Américaine avec tout ce qu'elle a comme pouvoir de destruction. Marcos se retrouva à court d'options face à la détermination des patriotes organisés en actions et soulèvements non violents. Le tout puissant dictateur aussi appelé « grand phallus » n'avait plus de choix, il fuit le pays en catimini.

En 1988, le vaillant et courageux peuple Chilien surmonte la peur et sort de la passivité léthargique instillée par la brutalité du régime du général Augusto Pinochet, s'organise à travers des campagnes et manifestations de masses contre le dictateur. Déterminé, le peuple chilien très tenace parvient à ébranler l'édifice de répression militaire du général, créant des fissures à l'intérieur de la machine répressive et Pinochet finit par perdre le soutien précieux de ses confrères de la junte militaire ; il est poussé dans ses derniers retranchements et est forcé de quitter le pouvoir.

Entre 1980 et 1989, sous la conduite d'un leader syndicaliste charismatique, Lech Walesa, les Polonais créent et soutiennent un syndicat indépendant appelé Solidarnosc qui use essentiellement de l'arme fatale populaire, la Résistance civile massive et non violente. Ils parviennent à libérer leur pays de la domination malsaine de la très puissante Union Soviétique.

En 2005, les manifestations massives et non violentes au Liban ont paisiblement mis un terme à l'occupation Syrienne.

 En 2006, les Népalais se débarrassent du pouvoir militaire qu'ils remplacent par un pouvoir civil, en s'engageant dans la désobéissance civile dans des mouvements de masse non violents.

Plus près de nous, en Afrique, des mouvements de grèves, boycotts, campagnes de désobéissance civile couplées avec des sanctions internationales des années 1980 contribuent très effectivement à la mise à mort du cynique et sinistre régime de l'Apartheid au pays de Nelson Mandela.

Plus récemment encore et dans un des pays de la Françafrique, la Terre des hommes intègres, le Burkina Faso, le peuple déterminé réussit à faire fuir l'assassin de Thomas Sankara, même si par la suite le peuple se fait voler sa révolution par des militaires et anciens barons du régime déchu ; l'élection de Roch Marc Kaboré représente une *reculade* ou au mieux le maintien du statut quo dans la lutte du peuple vers la libération souveraine.

Le « postulat » crucial qui sous-tend la vie et le fonctionnement de tout pays s'appuie sur une réalité simple : *Si la population cesse d'obéir aux lois et règles qui régissent et codifient son vécu, les dirigeants, quel que soit leur volonté de s'agripper au pouvoir, ne peuvent plus gouverner sereinement.* Les différents exemples de Résistance civile non violente, montrent à souhait que le succès des mouvements de Résistance dans leur ensemble, trouvent leur fondement dans la maîtrise et la bonne compréhension d'un aspect critique du pouvoir.

En effet, la vaste majorité des institutions, les organisations et presque tous les systèmes à l'intérieur de toute société marchent bien si et seulement si il existe un consentement, la coopération volontaire, l'adhésion, l'acceptation des lois et de l'obéissance d'un grand nombre de citoyens. Ainsi donc, si ces mêmes personnes qui hier encore coopéraient, décident de retirer leur adhésion au consensus sur le vivre ensemble, si ces personnes annulent leur coopération d'une manière organisée et stratégiquement planifiée, il est absolument possible qu'elles exercent une pression importante sur les dirigeants qui peuvent être obligés de faire des concessions au peuple déterminé.

Dès lors que la population, dans son vaste ensemble cesse d'obéir, alors, dictateurs des Tropiques, députés et sénateurs désignés, maires, chefs d'entreprises, armées et leurs généraux, tous détenteurs de pouvoirs, se trouvent dans l'impossibilité de gouverner de manière absolue. C'est de cette façon que la Résistance civile citoyenne ouvre des brèches dans l'édifice du gouvernement répressif et commence à mettre en place les fondements d'un changement.

La stratégie de Résistance civile non violente qui utilise méthodiquement et efficacement des tactiques telles que les grèves, les boycotts, les manifestations populaires avec « masse critique », la désobéissance civile pacifique, la mise en place d'institutions parallèles de remplacement, associé à d'autres formes d'actions créatives et innovatrices sont autant d'instruments qui, bien utilisés peuvent aboutir au succès. L'efficacité pragmatique et l'exploitation réfléchie de l'environnement social doivent prévaloir sur les aspects moraux, seul le réalisme compte.

Il est logique de penser que si ces stratégies de Résistance civile non violente ont conduit à des changements positifs d'autres pays, il est bien possible que les mêmes résultats soient atteints par les pays de la Françafrique. Cependant, il faut garder à l'esprit qu'à côté de ces grandes victoires populaires, un regard sur la marche du monde contemporain nous enseigne qu'il y a eu de nombreux mouvements de résistance civile basés sur la non-violence qui ont échoué ou alors ont connu des sorts très incertains. La sanglante répression de la place Tiananmen Square en République Populaire de Chine où le reste du monde regarda avec effroi des tanks militaires broyer des manifestants désarmés et pacifiques reste un exemple de cruauté dictatoriale inégalée.

Au regard des variations d'efficacité de la résistance civile non violente, il est impératif de maintenir une certaine réserve intellectuelle et tenter d'identifier les facteurs qui peuvent expliquer les différences de réussites entre les divers mouvements de résistance civile non violente qui ont pris place à travers le monde. Le débat sur les facteurs ayant conduit à la réussite ou à l'échec de ces mouvements et bien d'autres, n'a pas encore mis d'accord les nombreux experts de cette question. En effet, chaque situation est particulière et parfois extrêmement complexe. Etablir une causalité directe est, au meilleur des cas difficile. Les arguments largement partagés par les théoriciens en cette matière établissent que les trajectoires et les résultats de ces mouvements non violents restent dans leur ensemble des processus qui sont largement déterminés par les structures, les conditions et circonstances particulières au sein desquelles chaque mouvement a fonctionné.

Il est ainsi raisonnable de penser que les mouvements de Résistance civile non violents ne sont efficaces que dans les sociétés où un oppresseur n'a pas recours systématique à l'usage extrême de la violence. A côté de cet argument qui donne une place prépondérante à l'implication des forces armées dans la répression, on peut penser que certains critères économiques (orientation de l'idéologie économique du pays, répartition et niveau des revenus, distribution des richesses, existence d'une classe sociale moyenne et éduquée) et le niveau d'éducation des populations dans leur ensemble demeurent essentiels au succès de ces mouvements.

Pour les personnes qui croient à la Communauté internationale, il faut tenir compte du rôle des superpuissances qui par leur implication directe aux situations, peuvent supplanter l'efficacité et la pertinence d'autres variables (celles mentionnées plus haut) pour déterminer les contours et éventuellement peser sur l'issu d'un mouvement non violent déclenché sans son implication. A côté, il existe un grand nombre de structures et conditions additionnelles que l'on pourrait citer compte tenu de la complexité du tissu social qui existe dans la majorité des pays Africains de la nébuleuse Françafrique. Nous avons la diversité ethnique et l'extrême fragmentation des populations qui très souvent se réclament d'une identité particulière, le passé historique de chaque pays et les modalités de l'accès à l'indépendance. Les cultures multiples, la taille de la population (ce qui peut marcher au Gabon par exemple ne marchera pas forcément en République Démocratique du Congo ou même au Cameroun), la superficie des terres et leur répartition dans les communautés. Tous ces paramètres restent très considérables. Il demeure bien certain que bon nombre de ces structures, conditions, et paramètres peuvent, ensemble ou séparément, influencer durablement le devenir d'un mouvement de résistance civile basé sur la non-violence.

En prenant de la distance par rapport à ces facteurs structurels et conditionnels, il est possible d'identifier les facteurs qui eux seront basés sur les aspects humains, c'est-à-dire la compétence, l'intégrité et la détermination des hommes et femmes qui organisent et conduisent les mouvements, leur capacité intrinsèque à agir dans la poursuite et la réalisation des objectifs du mouvement. Cette « capacité d'agir » que les experts appellent « agency » fait référence aux compétences réelles qui constituent des variables sur lesquelles un mouvement détient un certain degré de contrôle ; par exemple la stratégie d'action choisie par les leaders du mouvement est-elle un choix consensuel ? Est-ce que le choix va faire l'objet d'un débat ouvert, ou alors a-t-il été arrêté par les leaders ? Quel sera le langage et les supports médiatiques qui seront utilisés pour d'abord sensibiliser les populations, obtenir leur sympathie et gagner leur confiance, pour finalement les mobiliser et surtout maintenir cette mobilisation.

Comment le leadership du mouvement va rechercher des alliés et supporters afin de construire des coalitions durables compte tenu du caractère très hétérogène des populations en Afrique cfa. A titre d'exemple un pays comme le Cameroun compte plus de deux cent ethnies et dialectes et de manière plus tactique comment déterminer les lieux et les batailles à mener ? Comment cibler son adversaire et contrôler les décisions stratégiques à prendre quand la Résistance civile est déclenchée. L'autre paramètre critique qui se pose est la question du financement du mouvement. La mobilisation est bénévole, personne n'est rémunéré, tout le monde a faim dans des pays où règne une très grande pauvreté, qui va s'engager quand la majorité des ventres sont vides ? Qui va se sacrifier quand il faut s'occuper de sa famille ? Qui va se mobiliser dans les pays où la corruption est endémique ? Toutes ces interrogations pertinentes et existentielles sont susceptibles de contribuer de façon déterminante au succès ou à l'échec du mouvement. Qui va s'engager quand on sait que dans les pays de la Françafrique, c'est le règne outrageux et cynique du *Mapartisme*, ce comportement qui exige un gain en retour de tout acte qu'on pose. L'individu demande quelle est la part qu'il gagne, qu'est-ce qu'il mange ? Faisant directement référence à son intérêt personnel alimentaire, bassement grégaire mais définitivement humain et compréhensible.

Un peuple qui a tout perdu ne devrait plus avoir peur ; au contraire il doit se transcender et vaincre sa peur ; sans cette victoire préalable sur la peur, rien n'est possible. Aussi simple à dire nous le reconnaissons, mais très difficile à réaliser. Loin de nous la sous-estimation de ces facteurs qui handicapent tout mouvement de Résistance. Chacun peut y factoriser ses avis et opinions. Expliquer les divergences d'opinions qui existent n'entrent pas dans le cadre de notre réflexion qui s'appuie sur une hypothèse qui sous-tend la base de la Résistance civile non violente : Des changements dans le comportement de peur et de repli individuel s'opèrent parfois de manière spontanée *(sentiment de ras le bol et du ça suffit)* et se transforment en changement collectif positif susceptible de modifier les dynamiques de pouvoir en place, de transformer un peuple léthargique en une puissante armada humaine déterminée et déferlant sa colère sur un adversaire qui l'oppresse depuis longtemps. En factorisant toutes les variables exogènes et autres circonstances extraordinaires, il est permis de réaffirmer que la victoire est possible si et seulement si les citoyens ensemble sortent de leur torpeur et décident de prendre en mains leur avenir.

Tout en respectant le rôle des structures et des conditions que nous avons mentionnées précédemment comme étant des facteurs qui peuvent influencer significativement les trajectoires et les réussites des mouvements de Résistance civile basés sur la non-violence, il faut comprendre que c'est la capacité d'agir et les compétences des leaders qui encadrent une population déterminée qui apporte une contribution majeure dans la réussite du mouvement. La capacité à surmonter, ou à appliquer une tactique de contournement va permettre de renverser les situations défavorables et les transformer en positions de force face à l'oppresseur.

Qu'il soit ainsi constaté que les compétences et la capacité d'agir sont les facteurs déterminants dans le succès de la Résistance qui se fait par les hommes qui luttent pour s'affranchir. La stratégie est d'une importance critique dans la poursuite des objectifs de souveraineté et on se rend compte que, contrairement à ce que la plupart des « peureux » pensent, les résultats des interactions conflictuelles ne sont pas toujours prédestinés par les conditions matérielles et la puissance des armes ; le classique de Sun Tzu, « l'Art de la guerre » revêt ici toute son importance.

En observant les choix stratégiques et les meilleures tactiques et pratiques élaborées mises en application par les mouvements historiques, on observe que, (en présence d'une très grande variété de facteurs basés sur la capacité d'agir et les compétences des leaders et des masses populaires en Résistance), la réussite d'un mouvement est influencée et parfois conditionnée par la prise en considération simultanée des trois caractéristiques suivantes : l'unité, la planification stratégique et la disciple non violente.

Le triptyque pour le succès de la résistance.

Les vertus que l'unité, la stratégie et la discipline apportent au succès de la résistance sont cardinales. Superficiellement considérées, on serait tenté de prendre ces trois conditions comme un acquis important et évident ; le mix de ces trois aspects mérite pourtant d'être analysé et considéré avec beaucoup d'attention.

L'unité:

Elle tient son importance tout simplement par le fait suivant : la vaste majorité des mouvements civils non violents ancrent leur force dans la participation des hommes et des femmes qui, sous une base bénévole et provenant d'origines et milieux divers, se mettent ensemble pour défendre une cause qui leur est commune et chère. De manière empirique, l'évidence s'impose et la masse populaire qui s'engage dans la lutte voit son importance grandir. En effet, au fur et à mesure que, de plus en plus, des personnes s'engagent et adhèrent à une action, sa légitimité, son pouvoir, sa réserve tactique, s'imposent ; la masse critique reste un facteur majeur dans une situation conflictuelle.

C'est dans cette optique que nous pouvons aisément comprendre pourquoi les mouvements sérieux cherchent continuellement à élargir le champ de leurs partisans, s'efforçant d'atteindre de nouveaux groupes dans la société. Le groupe efficace doit ratisser large et intégrer dans son action, les hommes, les femmes, les jeunes, les adultes et même les personnes du troisième âge, les populations urbaines et rurales, les minorités, les membres des institutions religieuses, les travailleurs de tous les secteurs, agriculteurs, les hommes d'affaires, cadres, classes moyennes et toutes les strates de la vie économique, les forces de défense…. etc.

Il s'agit pour un mouvement de Résistance de maintenir en permanence une main tendue à tout le monde y compris les partisans des adversaires qu'ils combattent, parce que l'un des aspects les plus puissants du soutien à un mouvement de Résistance civile au service d'une vision unificatrice, réside dans une très large mesure dans la capacité des leaders résistant à déclencher des changements de loyauté pouvant produire des défections en masse dans les rangs de leurs adversaires. Concrètement donc, lorsque le mouvement de Résistance réussit à perturber durablement le fonctionnement de l'appareil de l'oppresseur, et que dans le même temps il fait des appels à la société à travers un discours conciliateur national, il est presque certain qu'il pourra attirer dans ses rangs un soutien plus consistent et cimenter la cohésion en créant une unité plus forte derrière la volonté de changement ou de Rupture, même parmi les partisans les plus durs dans les rangs de ceux qui incarnent l'oppression.

La planification stratégique : une plus-value irremplaçable.

Les leaders de la Résistance sont conscients du fait qu'ils évoluent dans un environnement qui leur est hostile, ils doivent prudemment analyser les situations face à des adversaires sans scrupules, redoutables, sans état d'âme et prêts à tout. Ce sont des décisions complexes qu'ils doivent prendre quant à la direction que la résistance doit suivre. C'est ainsi que la planification stratégique devient critique et s'impose comme outil indispensable dans la réalisation des objectifs que le mouvement doit atteindre. Il convient de comprendre à ce niveau la réalité existentielle qui veut que, quelque soit le mérite ou la légitimité d'une cause défendue par un mouvement de Résistance civile non violente, quel que soit le caractère moralement inacceptable et indéfendable des actes de la

Françafrique et leurs complices locaux, il est illusoire et très naïf de penser qu'un mouvement de Résistance si populaire soit-il, peut efficacement surmonter une oppression ou une domination avec uniquement comme arsenal de défense, des actes de Résistance spontanés et improvisés, même si les dits actes s'avèrent être bien exécutés.

Il faut ainsi comprendre que la planification stratégique est la clé de voute qui donne de la traction au mouvement en organisant la Résistance civile systématiquement et méthodiquement pour acquérir l'adhésion solide et constante des populations en lutte pour la réalisation des objectifs bien ciblés et bien spécifiés. Le choix des tactiques à utiliser quand on résiste est très important mais il faut surtout établir l'ordre dans lequel elles seront déroulées. Par ailleurs, il convient de développer un ensemble de propositions susceptibles de galvaniser et doper la volonté pour le changement en tenant compte des aspirations existentielles du peuple ainsi que les revendications véritables des couches sociales que le mouvement vise à représenter. Il faut aussi peaufiner l'action par une planification qui cible des individus et autres groupes et surtout mettre sur pied des tactiques sur mesure, en identifiant les objectifs à court, moyen et long terme qu'il faudra poursuivre.

L'occupation du champ médiatique doit clairement établir des axes de communication qui promeuvent la formation des coalitions négociées avec des groupes influents et surtout les réaliser sur le terrain. Les différentes orientations stratégiques que nous venons d'évoquer ne sont pas exhaustives, elles peuvent être complétées. Elles sont des problématiques autour desquelles les mouvements de résistance civile non violente doivent avoir un impératif stratégique. Il faut rester créatif face aux redoutables adversaires internes et externes et tous les collabos officiels et officieux. Le contexte exige que les leaders patriotes conduisent une analyse stratégique globale du pays qui intègre tous les paramètres décisifs pour conduire le combat non violent. Recueillir de manière formelle ou informelle des informations et surtout avoir du discernement dans leur validation et utilisation ; cette posture décisionnelle doit rester un souci permanent. Ne dit-on pas que celui qui détient l'information détient aussi le pouvoir ? Il faut aussi toujours rester à l'écoute continue des populations pendant la durée de la résistance, se remettre en question par la voie de l'auto critique et surveiller ses adversaires.

La discipline : ciment de la réussite.

Finalement, l'efficacité d'une stratégie n'est possible que si elle est exécutée dans la discipline et le plus grand risque d'échec concernant la discipline dans un mouvement de Résistance civile non violente réside dans le fait que certains de ses membres tombent dans la tentation et deviennent violents, anéantissant du coup l'essence de leur action. Il apparaît donc que la discipline non violente qui prend son fondement dans la capacité des personnes à maintenir leur sang-froid et demeurer non violents, même face à des provocations, est une variable qui doit être inculquée en permanence aux partisans du mouvement ceci pour des raisons très pragmatiques.

En effet, dans tout mouvement conflictuel, des incidents violents perpétrés par certains partisans peuvent réduire de manière considérable la légitimité de tout le groupe en offrant aux adversaires (Françafrique et ses supports locaux) une excuse pour utiliser la répression brutale qui peut créer des défections dans les rangs et fissurer la cohésion du groupe. Par ailleurs, il est certain qu'un mouvement qui reste non violent de manière permanente a largement plus de sympathie aux yeux des populations qui en général aiment vivre dans la paix. Le mouvement permanemment non violent a de bonnes chances de s'attirer un vaste éventail d'alliés potentiels qui peuvent même adhérer à sa cause, changeant ainsi la dynamique générale de la lutte.

Notre exploration des caractéristiques qui peuvent conditionner le succès de la Résistance non violente est peut-être incomplète. Nous n'avons pas la prétention de détenir la vérité ; notre analyse gagnerait beaucoup quand elle sera améliorée par les apports d'autres personnes. La problématique de la Résistance non violente est un sujet qui se nourrit de différents apports, notre soucis reste de contribuer à l'amélioration des stratégies susceptibles de conduire les peuples de la Françafrique à une indépendance réelle à l'effet de jouir en toute plénitude des richesses de leur sol en utilisant une monnaie nationale qu'ils contrôlent.

Unité, Planification stratégique et Discipline, sont des caractéristiques intemporelles qui offrent un contexte général à travers lequel les leaders et les membres de la Résistance peuvent évaluer l'efficacité de leur mouvement. Quand il est unifié, quand il s'appuie sur un plan stratégique et quand il a de la discipline, le mouvement de Résistance civile non violente peut réussir et permettre aux populations oppressées de se frayer un chemin définitif vers un monde plus juste et plus pacifique. Le futur sera défini par ceux qui continuent à lutter.

Existe-il dans les quinze pays Africains de la Françafrique, des mouvements de Résistance qui remplissent ces caractéristiques et qui vont les mettre en application ? S'ils n'en existent pas, il est temps d'en créer en grands nombres si possible afin que la résistance triomphe.

TROISIEME PARTIE

Riposte

Vaincre la peur est la seule condition pour avancer

CHAPITRE I:
Environnement et Création d'un cadre propice à la riposte

La riposte étant postérieure à la résistance, tous les acquis et prérequis de la résistance seront judicieusement intégrés dans la riposte. Nous présupposons que la couverture stratégique des domaines essentiels de la nation a déjà été assurée dans la phase de la résistance. La riposte est en réalité complémentaire à la résistance. La riposte dans notre analyse est une réaction mesurée, stratégiquement portée et qui s'inscrit dans une dynamique irréversible ; la riposte dans notre perspective n'est pas frontale avec l'oppresseur dans la mesure où les rapports de force ne sont pas en notre faveur.

Les populations des pays du franc CFA sont confrontées à un très sérieux problème existentiel et leur survie dépendra largement de la réflexion, du travail, de l'organisation et de la détermination qu'elles mettront dans la reconquête de leur souveraineté. Il ne faut plus se contenter de fausses illusions et promesses jamais tenues, il faut désormais anticiper sur les évènements pour leur imprimer la direction souhaitée.

Toute riposte sérieuse est consécutive à l'évaluation méthodique de l'état des « lieux » relatif à la préparation mentale du peuple prêt pour une riposte audacieuse, confiante et intelligente. Cette posture s'articule sur la connaissance des enjeux que l'on défend. La riposte ne se limite pas à un ensemble d'actions défensives, elle consiste à bâtir un modèle de société propre à nos populations qui doivent s'approprier du système nouveau qui leur est proposé et bâtit avec leur consentement. Même si dans un premier temps ce système nouveau n'est pas *parfait*, il sera le leur. Les populations y adhérant, la jeunesse aura des repères locaux, pourra se fixer, rester sur place et ne se sentira plus *poussée* à aller mourir par milliers dans des aventures d'immigration clandestine à la recherche d'un bonheur illusoire ailleurs que chez soi. C'est une ironie du sort car au temps de l'esclavage on les arrêtait de force pour les emmener en captivité, mais aujourd'hui les africains partent volontairement pour devenir des esclaves en Occident.

Ce qui caractérise aujourd'hui l'environnement en pays cfa et qui émousse la vigilance des populations, est l'ignorance, mais surtout le refus d'apprendre. La riposte trouve des entraves quand les populations ne lisent pas. D'ailleurs ne dit-on-pas que pour cacher une chose à un noir il faut la mettre dans un livre ? Les peuples cfa demeurent dans une posture difficilement compréhensible en se terrant dans une indifférence surréelle face à tous les maux qui minent leur épanouissement. Ils se contentent du très peu qui leur est « donné » par des dirigeants outrageusement corrompus et qui ont fait du règne de l'argent un idéal collectif, poussant la vaste majorité des populations à faire recours à la corruption massive et généralisée. Riposter valablement suppose la suppression de ce milieu nocif.

Peut-on trouver des circonstances atténuantes à ces populations limitées face aux manipulateurs avérés et avertis ? On peut leur montrer une indulgence mesurée face à l'ampleur des machinations Françafricaines qui les embrouillent en boucle avec des concepts malicieusement utilisés par des donneurs d'ordre – démocratie, droits de l'homme, liberté d'expression, multipartisme, et que sais-je encore ? – ils suivent docilement, très naïvement, et s'éloignent de plus en plus des questions existentielles. La grande innovation de la Françafrique trouve son essence dans la reproduction du système mafieux à travers des « élections libres, démocratiques et transparentes ». C'est le nouveau moyen « cool » pour travestir les destins des peuples noirs d'Afrique cfa. En effet, lorsque ces soi-disant élections libres sont organisées par une machine contrôlée par le gouvernement, l'issue ne fait l'objet d'aucune surprise, dans la mesure où, il ne s'agit que de recycler les hommes du système en place. Aucune des élections dans les pays d'Afrique noire francophone, depuis les indépendances, n'a échappé à cette règle ; il n'y a généralement pas d'alternance ; seuls les hommes et les noms changent ; mais le système dominé par les hommes de main de la Françafrique demeure intact. Les années passent, se suivent et se ressemblent en Afrique noire francophone où les élections sans choix véritable pour le changement sont organisées ; par conséquent, aucun véritable changement n'a encore eu lieu dans cette région depuis plus de soixante ans. Tant que cela ne change pas, la riposte reste illusoire.

Comme analysé dans le cadre de la rupture, nous sommes face à des machinations sordides dont le but reste de perpétrer le contrôle des pays. C'est la continuité du système avec changement d'hommes. Un « nouveau » président remplace un ancien, et la structure fondamentale du système reste intacte ; la riposte doit briser ces cycles de changements cosmétiques qui ne trompent plus personne

La Françafrique a favorisé l'émergence d'hommes politiques irresponsables devant leurs peuples, mal formés à la bonne gouvernance et peu enclin à la compétence, dont le seul objectif est la conservation du pouvoir d'Etat. Dans ces conditions, le bien-être des populations devient très secondaire. Pour mieux riposter, il convient de changer cet environnement; sortir du mode de fonctionnement imposé et créer de nouveaux outils et paradigmes qui conduisent à l'indépendance. Il faut se regarder dans un miroir, reconnaitre que la situation est grave et il faut opérer un changement profond des mentalités au niveau individuel d'abord, et ensuite au niveau collectif pour favoriser la mutation vers le changement.

On a toujours deux raisons pour les actes que l'on pose : la bonne raison et la raison réelle. Dans le cadre de la riposte, les populations longtemps opprimées ont les deux raisons pour justifier leur détermination. Le peuple détient le vrai pouvoir, il est temps qu'il l'utilise à bon escient en détruisant la Françafrique par une riposte intelligente qui utilise les stratégies défensives opposées aux stratégies offensives de la Françafrique. Les peuples des pays de la zone CFA n'ont jamais rien fait de mal contre la France, leur combat est légitime, juste et gagnable. Pour y parvenir, il faut que les peuples de la zone CFA sortent de leurs « rêves » pour s'assumer, parce que seule une attitude réaliste doit prévaloir dans un environnement pollué par tant de méfaits. L'heure n'est plus aux paroles. Il faut agir en posant des actions courageuses, réfléchies et déterminées qui seules induisent le changement.

La riposte doit être sous-tendue par un réalisme permanent ; on ne peut pas riposter quand on est dans une situation de subordination et de dépendance alimentaire, économique, militaire et sanitaire. Les pays de la zone CFA importent la vaste majorité de leur nourriture et quel est leur marge de manœuvre dans ce domaine ? Peuvent-ils faire face à un embargo ? Peuvent-ils survivre à un embargo sur les médicaments ? Ont-ils des armées suffisamment formées et équipées pour repousser une rébellion instrumentalisée ? La liste des questions peut s'allonger, notre souci étant d'attirer l'attention sur la préparation de la riposte parce qu'il faut avoir les moyens de ses ambitions.

Le problème de la Françafrique est réel. Il faut l'affronter sereinement même si aujourd'hui le nouveau locataire de l'Elysée essaie de le minimiser. La nervosité donc il fait montre dans ses propos ne trompe pas. Ce qui était mauvais hier reste mauvais aujourd'hui dans ce système. La Françafrique est une *ennemie* qui ne dort jamais ; c'est une ennemie qui s'invente en permanence, change de stratégies, change de nom, mais continue à faire les mêmes choses. La riposte doit s'adapter à ces exigences tactiques. La Françafrique est comme un aigle qui tient dans ses serres sa proie ; il ne la lâche pas. Il revient à la proie de trouver un moyen pour sortir des griffes du rapace et ne plus être dévorée. C'est la riposte des pays cfa face à la France qui va les rendre libres et souverains. A bien y regarder, on se rend compte que la riposte est finalement et simplement l'organisation de la démocratie réelle, adaptée à nos cultures et la mise en place de la bonne gouvernance avec des dirigeants qui rendent compte au peuple.

Cette riposte patriote doit se faire au niveau local et international car, combattre les dictateurs locaux sans combattre ceux qui les mettent au pouvoir et les y maintiennent par tous les moyens serait illusoire. Il faut soigner le mal à la racine. Il ne faut pas craindre l'instabilité passagère et la possibilité de désordre qui pourraient s'en suivre, car elles ne feront que concrétiser le caractère irréversible du changement. La mise en place d'un nouveau modèle de travail entre la France et les pays cfa est inévitable. Les hésitations et atermoiements de la France au Mali, au Niger, au Gabon montrent que le pays de Napoléon a de plus en plus du mal à s'adapter à la nouvelle donne. La pression des patriotes et autres lanceurs d'alerte doit continuer, la vigilance s'impose. Il faut anticiper les changements tactiques de la France.

La reconfiguration stratégique du monde offre une « occasion » propice aux pays de la zone CFA pour mettre en place des stratégies de riposte rigoureuses. Compte tenu de la création de nouveaux pôles de puissance, il est en effet bien possible de réviser les choix de ses partenaires importants. La Chine et l'Inde sont des vecteurs de la reconfiguration géostratégique et économique du monde. Les voies que ces deux pays ont suivies pour s'émanciper peuvent être imitées par les pays de la zone CFA en quête d'autonomie. L'exemple de ces deux pays est un repère puissant qui montre aux pays de la zone CFA que la véritable émancipation commence par l'économique qui donne des perspectives libératrices réelles. Si la brèche économique est ouverte, la véritable souveraineté peut suivre.

CHAPITRE II:
Bien se préparer pour une riposte mesurée et constructive

L'analyse systémique de la Françafrique a démontré que c'est la détention du pouvoir politique avec toutes les ramifications qui s'y attachent, qui est l'ossature du système. En s'assurant du contrôle des détenteurs du pouvoir politique dans les pays de la zone CFA, la France a pu mettre en place cette machine et elle l'entretient soigneusement.

Nous pensons logiquement que la riposte patriote doit commencer par s'attaquer aux aspects du pouvoir politique pour détruire tous les mécanismes de fraudes électorales et de manipulation des populations. C'est le démantèlement d'un dispositif bien rodé, bien implanté qui n'hésite pas à recourir à la violence pour se pérenniser qu'il faut d'abord entreprendre. C'est une mission risquée pour ceux qui s'y attellent ; elle exige abnégation, détermination, patience, courage et sacrifices.

Le contexte politique dans la majorité des quinze pays de la Françafrique ne permet pas aux patriotes de se déployer correctement dans l'arène politique, et encore moins de gagner une élection présidentielle. Tous ces pays sont dirigés par des hommes issus de la Françafrique, on a démontré comment ils se maintiennent au pouvoir avec des mandats quasi illimités, droits de regard et droits de décision absolus dans tous les secteurs de la vie du pays ; ils contrôlent sans discrimination les hommes, la fortune du pays et ils trouvent leur force dans les armées non républicaines qui veillent au grain.

La riposte patriote passe par la conquête du pouvoir politique dans les pays de la zone CFA. C'est un objectif qui s'inscrit dans la durée et qui fait d'abord appel à l'éducation des populations sur les réalités qui caractérisent leur vécu quotidien et les conséquences qui en résulteraient si rien n'était entrepris pour changer les choses positivement. L'éducation des masses devra être suivie par un investissement conséquent des patriotes dans le champ politique proprement dit. Dans les lignes qui suivent, nous allons exposer les directions d'actions possibles dans les champs éducatifs et politiques.

Les actions possibles sur le champ de l'éducation.

Les systèmes éducatifs dans l'ensemble des pays CFA contiennent des tares qu'il faudrait corriger en prélude de la riposte. Une évaluation transversale du système fait ressortir des faiblesses. On constate à tous les niveaux (primaire, secondaire et supérieur) une perte des repères pédagogiques, sociaux ou culturels et un éloignement de leurs nobles missions de formation de l'être humain pour son épanouissement. Ils ont été *subrepticement* pris en otage par des intérêts égoïstes aux relents politiques. L'école ne remplit plus sa mission fondamentale, celle de former holistiquement l'homme en faisant de lui un être total avec une tête bien pleine et bien faite intellectuellement et moralement, dans un corps sain.

Les écoles n'ont plus les moyens et les méthodes adéquates pour la formation de nos enfants, elles *rationnent* les connaissances libératrices remplacées par des slogans creux qui asservissent les esprits. Tous ceux qui contestent ou qui interrogent les dérives ou manquements des dirigeants sont combattus. L'esprit qui questionne est censuré par les autorités accélérant ainsi la courbe de détérioration du système. On ne dira plus la vérité, on la maquille ou la travestit ; trop d'approximations et d'omissions ciblées sur les conditions de nos indépendances, sur les éliminations des martyrs remplacés par de faux patriotes, sur les conditions de nos richesses et leur pillage. Il faut se méfier dans ces conditions. Le désespoir n'est cependant pas permis, on peut encore naviguer dans cette marre.

En contournant stratégiquement ce système éducatif pollué, il faudra avoir recours aux lanceurs d'alertes, aux éveilleurs de conscience, aux medias, à la diaspora. La liberté d'expression n'étant pas totale, les acteurs dans ce volet devront faire usage de rigueur et de consistance en ce qui concerne la délivrance des messages aux populations et surtout veiller à l'amplitude d'appropriation réelle de ces messages par les populations. Le message juste et patriotique, se doit d'être puissant, simple, précis et surtout très convainquant parce qu'il aura en face de lui la réplique des « intellectuels » qui ont trahi le peuple.

Nous insistons sur la trahison des « intellectuels », ceux du pouvoir qui, en s'associant au camp des oppresseurs du peuple, ont perdu leur intégrité. En effet, ayant fait le choix de défendre les dictateurs, ils ont mis leur savoir au profit de la médiocrité et de la mendicité ; la bassesse de leurs idées qu'ils changent au gré des situations les conduit à étaler au grand jour leur caractère véreux et une incapacité totale à faire une lecture objective des situations. Ils sont conduits par la recherche exclusive du gain personnel direct et immédiat, des positions politiques de faveurs. Ces « intellectuels » du pouvoir se lancent à corps perdu dans la course aux privilèges. Ils sillonnent à longueur de journée les plateaux de télévision, et écument les stations de radio en chantant sans honte les louanges de leur champion. Leur conviction ne trompe plus personne, parce que la lâcheté clownesque de leurs propos crève les écrans! Certains se réclament sans rire être des « créatures » de leur chef. Ces « intellectuels » malhonnêtes qui valident le culte de la personnalité et infantilisent le peuple sont connus, on vous connaît.

La riposte patriote est inclusive, elle cherche à récupérer tous les enfants du peuple, y compris les « intellectuels » repentis, ceux qui seraient touchés par la fièvre patriote et qui dans leur sursaut correcteur, sortent de leur égarement et trahison. Ils vont se revêtir de nouveaux vêtements de probité, d'honnêteté, de neutralité qui vont leur conférer une nouvelle obligation morale. Ils vont renaître et auront plaisir d'informer et de guider à travers leurs sorties médiatiques et leurs prises de position dans tous les sujets qui touchent la société. Par la conscientisation médiatique, les patriotes investissent leurs efforts pour nourrir les populations des faits et idées qui éveillent leur conscience dans le but de les sortir de l'indifférence. Il faut décomplexer les populations en faisant appel à leur fierté et à la grandeur des objectifs que la riposte poursuit.

Le rôle de la diaspora est critique parce qu'elle dispose d'un grand pouvoir de communiquer simultanément dans plusieurs pays du monde. Cette extra territorialité de la diaspora lui confère un statut unique dans la riposte patriote, elle attire l'attention internationale sur les situations internes de leurs pays d'origine, ce qui compense son efficacité limitée sur le terrain africain, sans oublier l'apport financier dont elle est capable. Le changement véritable se réalise sur place, pas de l'étranger. C'est de l'intérieur que les combats réels sont menés, et il y a nécessité de collaboration stratégique entre la diaspora et les combattants à l'intérieur des pays.

La société civile, les journalistes et les medias progressistes s'investissent aussi dans la formation et la consolidation d'une nouvelle « âme citoyenne » des populations. A travers des combats sociaux prudemment choisis, ces acteurs organisent et dirigent des débats responsables et constructifs, articulés autour des positions consensuelles ancrées dans les principes de justice. C'est de cette manière que la riposte patriote va conquérir de nouveaux partisans.

Une nouvelle génération de patriotes va organiser des soulèvements des peuples à travers des conflits pas très « destructeurs », le soulèvement n'est plus pour une liberté physique, il est maintenant sur le partage des ressources du sous-sol africain, c'est d'une riposte responsable qu'il s'agit, alors il faut que les soulèvements des peuples se fassent avec raison. De cette manière, quand le nombre de personnes qui comprennent les enjeux augmente, c'est un indicateur positif, c'est bon signe pour la riposte car il montre qu'on se rapproche de la victoire qui sera d'ailleurs certaine parce que ce sont des patriotes qui mènent le combat pour la souveraineté.

La solution, tout au moins partielle de la riposte qui se veut efficace, réside dans la sensibilisation et l'éducation des populations. Le peuple a le droit de savoir comment le système d'exploitation fonctionne pour bien le comprendre afin d'agir en toute connaissance de cause sur le changement. Etre armé de la connaissance et ne pas riposter pour emmener le changement est équivalent à participer à son autodestruction existentielle. Eduquées et moralement armées, les populations vont se déployer en force dans les manifestations de masse très suivies qui seules garantissent des succès car elles ne passent pas inaperçues à l'intérieur et à l'extérieur du pays et privent de sommeil les oppresseurs.

Bien organisés dans leurs campagnes d'éducation, d'information et de sensibilisation des peuples, les instigateurs de la riposte patriote vont exposer en tant que partie prenante directe, tous les systèmes d'exploitation mis en place par la Françafrique. Cette éducation faut-il le souligner sera distillée aux populations au travers des canaux d'information parallèles à ceux de l'Etat en se rassurant que tous les aspects négatifs de cette relation sont stratégiquement exploités pour cristalliser les sentiments nationalistes forts des populations et leurs désirs ardents pour l'indépendance. Si le besoin se faisait sentir, il faut mettre à la disposition du public, tous les contrats malsains et mafieux signés par les dirigeants, s'en offusquer bruyamment dans le but de consolider le sentiment de rejet de la Françafrique.

Les actions possibles sur le plan politique.

La dimension fondamentale que revêt l'action politique sur la riposte se trouve dans la question suivante : Comment mettre en place dans les pays de la Françafrique des institutions solides et crédibles, issues du consensus social, démocratiquement établies et capables de refléter en toute liberté et transparence les choix du peuple incontournable et souverain ?

Simplement dit, cette question revient à la démocratisation véritable des pays de la zone CFA. A quelques exceptions près, on peut dire que dans les pays de la Françafrique, la démocratie est encore très balbutiante, les dirigeants en place multiplient les entraves de tout genre pour contrôler le système dans son ensemble. Ils créent des officines d'élections qu'ils contrôlent en nommant comme membres des barons du régime en place. Au Cameroun avec (Elécam), le chef a seul, l'initiative de nommer les membres de cette machine à tricher. Les opposants, ceux qui peuvent constituer « un danger » pour le régime, sont oppressés, harcelés sous divers prétextes quand ils veulent organiser des événements politiques. Divers hommes politiques qui semble-t-il auraient lorgné le fauteuil présidentiel croupissent en prison. Certains sont embourbés dans de sordides affaires de détournements et condamnés au moyen d'une opération de justice baptisée « Opération épervier » dont la crédibilité ne convainc plus que ses auteurs. Il faut lever l'équivoque et la confusion entre les voleurs de la république et les hommes politiques ; tout détourneur de la fortune publique doit être condamné après un procès juste. Au Cameroun cette supercherie judiciaire est qualifiée d'opération d'épuration à tête chercheuse dans une justice à géométrie variable. Au Congo Brazzaville, Mr. Denis Sassou Nguesso emprisonne sans véritable jugement ses contradicteurs, au Sénégal Mr. Macky Sall utilise l'appareil judiciaire de l'Etat pour écarter des sérieux adversaires.

Le pouvoir politique dans les pays de la zone CFA confère tous les autres pouvoirs. La séparation entre les trois branches n'est qu'apparente ; en fait, la branche exécutive est hyper puissante, elle asservit les deux autres que sont la judiciaire et la législative. Les parlements dans ces pays sont majoritairement dominés par les partis du président de la république. La justice est aux ordres et très corrompue. C'est tout ce système qu'il faut abattre pour avoir des conditions favorables à une riposte effective face à la Françafrique.

Le contexte politique qui prévaut dans l'ensemble des pays de la zone CFA, ne permet pas de d'évoluer en l'absence d'un débat politique concurrentiel libre. Aucune formation politique autre que celle du dictateur en place ne peut gagner une élection présidentielle parce que toutes les règles du jeu politique sont viciées et les formations politiques outrageusement pléthoriques ne peuvent qu'empirer les choses. Elles sont dans l'ensemble, incapables de constituer des fronts d'opposition solides et surtout crédibles pour mutualiser leurs efforts et se donner quelques chances d'inquiéter les pouvoirs en place. Les ententes entre leaders d'opposition ne tiennent pas, les egos surdimensionnés des présidents des partis politiques les empêchent de se mettre en rang derrière une seule personne ; tout le monde se voit président, comme si être président était la seule façon de servir son peuple. En réalité, c'est le pouvoir exorbitant de cette fonction qui fascine et attire ces leaders qui rêvent de remplacer un dictateur pour en devenir un.

Dans ce cafouillage, on organise des élections auxquelles ces partis participent sachant pertinemment qu'ils vont les perdre à cause de l'absence de transparence. C'est curieux qu'ils osent se plaindre après leur échec. C'est une situation kafkaïenne et ridicule. Si vous savez que les règles sont faussées, n'allez pas aux urnes pour valider la fraude ; c'est la bataille pour l'établissement de bonnes règles qu'il convient de mener en priorité ; c'est par elle qu'il faut commencer. Cette posture bizarre et incompréhensible nous emmène à croire que ces opposants sont des complices objectifs de cette grande mascarade. Ils sont comparables à madame Fatou Bensouda, la fameuse traitresse nègre de la CPI-Cour Pénale Internationale qui, ayant perçu deux millions de dollars de ses employeurs pour condamner le président Laurent Gbagbo et son Ministre Charles Blé Goudé, sillonne le continent africain à la recherche des preuves qu'elle sait qu'elle ne trouvera pas.

L'incurie politique de certains leaders d'opposition dans les pays cfa est navrante ; les micros partis rejettent les offres de formation d'alliance et déclarent témérairement qu'ils préfèrent travailler en solitaire pour faire tomber un mastodonte. Nous faisons référence ici au CPP-Cameroon People Party, par la déclaration parue dans un article publié par la presse en ligne Camer.be le 8 juin 2017. Le responsable de la communication de ce parti dit : « Nous ne croyons pas à l'odyssée d'un messie camerounais qui naitrait comme par enchantement, de l'unité des oppositions au régime RDPC » (le RDPC étant le parti qui contrôle le pays depuis plus de 30 ans.) L'ignorance que nous décelons dans cette déclaration conforte notre idée que les opposants dans les pays cfa veulent changer un homme, au lieu de changer le système qui maintient un dictateur au pouvoir. Nous reconnaissons par ailleurs que, même avec un candidat unique, l'opposition au Cameroun gagnerait difficilement parce que la machine RDPC contrôle tout le processus électoral actuel allant de l'organisation jusqu'à la proclamation des résultats. Tant que ces règles mesquines et injustes ne sont pas changées on peut avec raison douter de l'alternance pacifique par les urnes. Au pays de Ruben Um Nyobè, les partis d'opposition se regardent en chien de faïence y compris celui que cet illustre homme dirigea l'UPC (Union des Populations du Cameroun) aujourd'hui émiettée. Dans les autres pays de la zone cfa, quand les partis d'opposition parviennent à former une coalition, celle-ci est toujours dominée par quelqu'un qui, très curieusement sort du moule de la Françafrique et parfois, la coalition réussit à battre le président en fonction. Cela ne trompe plus, la France ne permet ces « jeux » qu'entre des candidats acquis à la Françafrique.

La bataille pour le changement des règles électorales et la mise en place d'institutions étatiques fortes et indépendantes, est le champ d'action dans lequel tous les partis politiques d'opposition de ces pays devraient prendre d'assaut. Ces partis doivent constituer des fronts communs ou des alliances qui harmonisent le discours de l'opposition et mettent en place une stratégie d'encerclement du monstre au pouvoir. Il faut que de tous côtés les dictateurs soient attaqués par un message ciblé et percutant. La mutualisation des forces de l'opposition est impérative pour obtenir des règles descentes, dans un code électoral qui minimise les possibilités des tripatouillages si communs dans ces pays. Boycotter au besoin les élections présidentielles pour enlever toute légitimité et crédibilité au tricheur. Il faut savoir être absent quand on sait que ce que l'on cherche est plus important.

C'est à ce niveau que tout se joue. Ramener le débat politique à un test de patriotisme en faisant du problème de la Françafrique un enjeu essentiel sur lequel tout homme politique doit s'exprimer et donner clairement sa position par rapport à tous les maux que ce système inflige aux 15 pays. Cette question ne peut plus continuer à être abordée du bout des lèvres par les hommes politiques ; elle devrait même devenir le problème essentiel du débat pour séparer les patriotes des *vendus potentiels*. En élaguant progressivement l'espace politique des « suspects » Françafricains, les populations préalablement informées et éduquées à ce sujet pourront commencer à distinguer les vrais patriotes des prétendants.

La mise en place des institutions étatiques crédibles passe forcément par le toilettage complet des systèmes en vigueur en se débarrassant de tout ce qui empêche l'instauration d'une démocratie véritable. Il convient donc d'actionner des stratégies innovantes pour y parvenir et cristalliser les règles politiques qui vont garantir l'indépendance et la souveraineté.

La riposte passe également par la dilution du pouvoir de l'exécutif, la décentralisation et l'affranchissement du judiciaire qui doit devenir crédible et juste, et un législatif qui représente la volonté et les choix des populations politiquement matures. La Françafrique contrôle les pays cfa par le biais des dictateurs corrompus qui concentrent entre leurs mains tous les pouvoirs. Que feraient ces dictateurs si ces pays avaient chacun un parlement démocratiquement élu, avec en son sein des farouches nationalistes qui tiennent leur légitimité des populations de leur circonscriptions électorales et non du président qui les choisit ?

Une justice réellement indépendante, des medias vraiment libres et des populations éduquées. Voilà ce qu'il faut d'abord établir et c'est à notre avis à cela que les formations politiques de l'opposition devraient s'atteler. C'est en définitive du problème de la démocratisation véritable des pays cfa qu'il s'agit. Seule une véritable démocratie produit des leaders légitimes derrière lesquels le peuple souverain se met en bloc. Si cette condition se réalise, alors la riposte ne peut que se transformer en victoire du peuple contre la Françafrique. Celle-ci a causé aux 15 pays qu'elle asservit d'immenses dégâts directs et d'énormes pertes collatérales. De cette sinistre organisation, plusieurs familles en Afrique portent encore le deuil des parents brutalement éliminés, d'amis torturés dans des prisons et qui présentent encore à ce jour des séquelles physiques et psychologiques, des enfants qui furent privés de l'amour de leurs parents. Qui paiera tout ça ? Ces actes criminels resteront-ils impunis et non compensés ? .

CHAPITRE III:
La Responsabilité des dirigeants de la zone CFA

On ne peut pas passer toute une éternité à indexer la France comme unique cause des malheurs qui accablent les pays de la Françafrique, les injustices et la corruption des dirigeants africains sont partiellement et également responsables de la misère des populations. Combattre la Françafrique sans combattre ses collaborateurs de l'intérieur des pays est une stratégie vouée à l'échec. Dans la rhétorique qui cherche à départager les responsabilités des nombreux malheurs de l'Afrique cfa en particulier, tous les torts sont souvent imputés à la France pour qui tous les moyens sont bons pour s'enrichir même au prix de la vie des autres en majorité les africains. Tout bien pensé, on se rend compte que la situation des pays cfa n'est pas uniquement la faute du tuteur. Les Africains eux-mêmes ont une part de responsabilité dans l'étendue des misères qui affligent leurs populations. Ils ont beaucoup à se reprocher, ils ne sont pas des victimes innocentes comme certains s'entêtent à proclamer.

Loin de nous l'idée d'exonérer la Françafrique ou même de diluer sa responsabilité dans le désastre des pays de la zone CFA, nous soutenons que la participation de nos frères à cette catastrophe est déterminante. En fait, nos frères sont les facilitateurs de la domination. En plus de soixante années d'indépendance même factice, presque rien de concret ni de solide n'a été réalisé pour développer ces 15 pays du CFA. Il faut objectivement reconnaitre notre part de responsabilité non négligeable dans cette débâcle sociale, économique, et politique. Participation active ou passive, les enfants de l'Afrique ont contribué à la formation des retards accumulés dans les pays CFA. Les différents « pêchés » des fils de l'Afrique peuvent selon nous être regroupés dans les domaines suivants :

Un leadership médiocre.

Un regard critique parmi les dirigeants des pays CFA montre très clairement qu'il y a un déficit cruel et criard de vrais leaders patriotes depuis les éliminations physiques des combattants des années d'indépendances Africaines. Les éliminations de Um Nyobé, Patrice Lumumba, Sylvanus Olympio, et plus récemment de Thomas Sankara, ont privé l'Afrique des leaders charismatiques d'envergure, ceux- là qui refusent toute compromission même au prix de leur liberté et de leur vie. Dans les pays de la zone CFA, la répression politique brutale des populations a fini par tuer le courage des hommes et femmes, empêchant l'émergence d'une nouvelle génération de patriotes. Les paysages politiques en Afrique CFA souffrent de cette absence de leaders patriotes et courageux ; il n'y a pas beaucoup d'espoir dans la relève et le flambeau de la liberté est désormais porté par des prétendants qui n'ont qu'un seul objectif, celui d'accéder au pouvoir et de s'y maintenir par tous les moyens. Ainsi, au lieu de travailler pour le bien être de leur peuple, ils finissent tous comme dictateurs pour le compte et à la solde des Occidentaux ; dans le cas des pays cfa, à la solde de la France.

La dilapidation outrancière des ressources de l'état.

Dans les pays cfa, les Présidents mal élus et les bandes de voleurs qui les entourent et les accompagnent, ne font montre d'aucun respect ni égard pour les populations ; ils pillent sans crainte ni retenue et en toute impunité les caisses de l'état. D'énormes budgets sont alloués à des fonctionnaires qui les gèrent comme une fortune personnelle. Le luxe dans lequel cette bande de pillards vit est d'une insolence inégalée pendant que le reste du peuple vit en dessous du seuil de pauvreté selon les normes définies. Les montants des sommes détournées par ces prédateurs de la fortune publique sont si colossaux qu'ils donnent le vertige. L'étalement des richesses mal acquises est ostentatoire et franchement dégoutant pour le reste du peuple. Voitures de luxe, appartements et hôtels particuliers sont achetés à des prix mirobolants dans les capitales Européennes et Américaines. Les comptes personnels dans les banques étrangères sont très lourdement créditeurs, en centaines de million de dollars ou d'Euros. Cet argent détourné alimente les institutions financières internationales qui le reprêtent à nos pays à travers des crédits toxiques avec des taux d'intérêt d'usure, le tout parfois déguisé en « aides ».

On serait tenté de dire « Bien fait » pour les populations qui continuent d'élire ces dirigeants. On ne peut pas se donner des dirigeants si médiocres et quand ils ne font rien, on s'étonne. On ne peut pas avoir des voleurs qui gèrent la fortune publique et s'étonner de leur rapine. On ne peut pas mettre un loup dans une bergerie et s'étonner quand il mange toutes les brebis. On ne s'achète pas une carcasse de voiture et espérer qu'elle roule comme une Mercedes neuve. Ne dit-on pas souvent que les peuples ont les dirigeants qu'ils méritent?

Le recours excessif et malsain à l'endettement non productif

Dans une course affolante, les dirigeants africains cfa ont plongé leur pays dans l'engrenage infernal de la dette, hypothéquant l'avenir de leurs enfants pour de très longues années, y compris ceux qui ne sont même pas encore nés. Pire, au lieu de servir à la construction de leurs pays, ces dettes sont détournées vers des destinations qui ne participent pas au bien-être des populations. Seule une infime partie de cette dette est utilisée à bon escient ; elle s'avèrera donc insuffisante d'où la nécessité de recourir à des aides complémentaires. Les intérêts à payer sur ces dettes s'accumulent et la dette cumulée devient insoutenable, l'échéancier de remboursement a du mal à être respecté et l'appauvrissement de ces pays pauvres très endettés s'aggrave.

La mécanique du cercle vicieux « aide-dette » est bien huilée, chaque nouveau prêt va servir au paiement du prêt antérieur, une partie remplit les poches des voleurs de l'Etat. Le peuple au nom duquel on s'endette n'a pas d'eau courante, pas d'électricité régulièrement, n'arrive pas à se faire soigner dans des hôpitaux qui manquent de remèdes. Les écoles aux effectifs pléthoriques croulent dans la décrépitude, c'est une situation ahurissante. Les riches eux continuent de s'enrichir imperturbablement et les pauvres plongent d'avantage dans la misère abjecte. Ce cycle voulu par les dirigeants irresponsables est entretenu pour les raisons que nous connaissons.

Incompétence chronique dans la gestion des ressources résiduelles.

Omnibulés et ivres de pouvoir, les dirigeants des pays cfa ne font pas beaucoup d'efforts pour s'entourer de cadres nationaux compétents dans la gestion des ressources déjà mises à mal par les indélicats. Ils font régulièrement appel aux cabinets de consultants étrangers pour la prospection et l'établissement des cartes des richesses minières, maintenant dans un flou volontaire les populations quant à la valeur réelle de leur pays. Dans des multiples accords qu'ils signent sans consultation des parlements, rien n'est prévu pour le transfert des technologies, ce qui maintient le pays dans une dépendance continue au profit des étrangers. Des situations effarantes font que toutes les installations et les équipements dans les exploitations des minerais sont la propriété des entreprises étrangères. La simple petite panne dans les machines nécessite le recours à un technicien qui vient de la Métropole et qui sera très chèrement payé ; ce qui draine vers l'extérieur des ressources créées en interne. Est-ce seulement la Françafrique qui est responsable ici?

La recherche du gain facile et la paresse au travail.

On dit souvent que « Le travail paie », cette maxime n'est que partiellement vraie pour l'Africain de la zone CFA. Pour se convaincre de cette affirmation, passez dans une administration donnée un jour de travail et vous serez consterné par le nombre élevé d'absents et d'amateurisme doublé d'une désinvolture indifférente chez ceux qui doivent vous servir. Est-ce encore ici la faute à la Françafrique ? Très peu d'hommes et femmes dans ces pays croient aux vertus du travail à faire avec abnégation, ils sont constamment à l'attente des pourboires pour délivrer des services gratuits et pour lesquels ils ont un salaire mensuel. Dans ces administrations, tout le monde dicte sa loi et le pauvre justiciable n'a recours à personne ; il n'a que ses larmes qui d'ailleurs ne peuvent pas le soulager de sa perplexité et de son impuissance face à la situation.

L'absence de solidarité fraternelle.

Malgré les convergences qui existent dans les problèmes qui minent les pays CFA, ils refusent de mutualiser leurs efforts pour rechercher des solutions aux problèmes communs ; le règne du chacun pour soi est largement appliqué. On observe dans l'hypothèse de dévaluation possible du CFA en 2017 que les présidents Alassane Ouattara de Côte d'Ivoire et Macky Sall du Sénégal se désolidarisent des dirigeants de la zone CEMAC face à une potentielle dévaluation de cette monnaie désuète. Selon un article de la presse en ligne, du 14 Juin 2017 dans Camer.be, Mr. Ouattara reçu par le Président Macron fraichement installé dans ses fonctions, dit ce qui suit : « Chacun assume ses propres turpitudes » refusant ainsi de venir au secours de ses frères de la CEMAC par des avances en trésorerie par ailleurs remboursables avec intérêts. Ce secours fut proposé par Mr. Macron, et comble d'ironie, dans un passé pas très lointain, les pays de la CEMAC étaient venus en aide à ceux de la CEDEAO en proie aux difficultés de trésorerie. Trop de divisions parfois superficielles sont entretenues sur les plans politiques, économiques, religieux, ethniques, pour opposer les pays ou les populations. De nombreux conflits en Afrique occasionnent d'importantes pertes en vies humaines sans justifications véritables. Cela mine considérablement l'unité et la solidarité qui devraient prévaloir dans le continent.

Ces cinq points par ailleurs non exhaustifs constituent quelques chefs d'accusation qu'on peut lever contre les Africains en ce qui concerne leur part de responsabilité dans la *perdurance* de la Françafrique, et aux retards du décollage réel des pays de la zone CFA. Que certains l'acceptent ou pas, les populations et les dirigeants qu'elles se sont choisis ont contribué d'une manière ou d'une autre aux malheurs qui affligent leur bien-être ; la Françafrique est une grande usine qui fabrique les monstres, elle facilite l'accomplissement des misères des pays de cette zone ; elle n'est pas seule coupable de toute la misère qui perdure dans ces pays. Notons également la démission des pays Africains devant leurs responsabilités monétaires, donc abandon de leur souveraineté.

La humble reconnaissance de nos torts dans la pérennisation de la Françafrique ne constitue en rien l'exonération de cette organisation qu'il faut abattre, elle a trop duré. Avec courage, acceptons notre part de responsabilité, tirons-en des leçons et travaillons ensemble pour accélérer la fin de la Françafrique. Il est temps de nous débarrasser du statut quo, cessons de nous considérer comme des victimes, mettons-nous au travail avec détermination.

Résistons à toutes les tentatives de distraction, ripostons avec des stratégies libératrices pour finalement jouir de la nouvelle indépendance qui sera réalisée par la rupture de tous les Accords de Coopération qui nous maintiennent encore captifs.

La France est le coupable principal des méfaits de la Françafrique. Les réparations de l'Etat français aux peuples d'Afrique cfa qu'il oppresse depuis plus de soixante-dix ans sont encore une éventualité éloignée mais pas une impossibilité. Pour obtenir gain de cause dans cette quête de redressement d'injustice, il incombe aux fils d'Afrique d'engager une riposte mesurée face à cette situation. Pour illustrer notre optimisme vis-à-vis de cette demande par ailleurs très juste moralement, nous allons établir un parallélisme historique entre les crimes de l'Allemagne nazie contre le peuple juif.

En avril 1951 à l'hôtel Crillon à Paris, et dans le plus grand secret, le Chancelier allemand Konrad Adenauer déclara à propos des crimes nazis ce qui suit : « Bien que les crimes n'aient pas été commis par l'Allemagne dans son ensemble, ils ont bel et bien été commis au nom de tout le peuple allemand… ». Paraphrasant le Chancelier allemand, nous dirons ce qui suit en ce qui concerne les crimes de la Françafrique vis-à-vis des peuples d'Afrique cfa: *Les crimes de la France en Afrique ont été commis par l'Etat français, et aucun français instruit ou ignorant ne saurait être entièrement exonéré face à cette violence historique.* Dans le contexte de notre réflexion, nous tenons pour principaux responsables les acteurs qui opèrent au cœur du dispositif Françafricain, le peuple regardant passivement dans son ensemble, c'est une sorte d'irresponsabilité coupable.

Un travail de restitution de la vérité s'impose afin d'essayer autant que faire se peut, d'évaluer les victimes humaines directes et indirectes de la Françafrique. Une chose est certaine, ces victimes sont très nombreuses et s'élèvent à plusieurs millions. Dans la riposte que nous suggérons, il serait judicieux que des experts Africains se penchent sérieusement sur cet aspect afin de délimiter les contours qui serviront de base dans la liquidation des réparations aux peuples encore victime de la nébuleuse Françafrique. Est-il raisonnable de penser ou de croire que la France et le peuple de France puissent, de commun accord avec les victimes, s'entendre sereinement sur toutes les modalités de réparation en ce qui concerne tous les aspects de cette trop longue et douloureuse relation?   Comment pourrait-on régler le problème de la dette inique accumulée par les pays africains dans le cadre du compte des opérations auprès du trésor français ? Que dire alors de l'accaparement brutal des richesses du sous-sol africain que la France spolie depuis bientôt plus de soixante-dix ans ? La France peut-elle corriger cette injustice sans se faire hara-kiri ?

Les pays africains cfa doivent faire bloc pour rechercher efficacement la solution à cette situation ; individuellement, ils se heurteront à d'énormes obstacles. Une riposte stratégique d'ensemble est souhaitable pour maîtriser une situation si complexe et qui de surcroit ne peut pas donner de solutions facilement acceptables par toutes les parties. Si les pays africains de la zone CFA surmontent leurs divergences et s'unissent dans un mouvement de riposte stratégique, il est bien possible de penser que la partie française, face à un bloc uni et homogène dans ses revendications, puisse consentir à faire des propositions gagnant-gagnant.

Comme il s'agit d'un processus long, il est plus que jamais nécessaire pour les peuples de se regrouper et tracer dans l'imaginaire africain tous les contours et les aspects critiques des différentes formes que la réparation pourra prendre. L'argent n'est pas la seule, ni la meilleure façon de réparer les dégâts. La riposte stratégique africaine doit intégrer beaucoup de flexibilité et de réconciliation dans son implémentation, car les risques de dérapage sont nombreux ; les susceptibilités nationalistes intransigeantes peuvent en effet s'ériger en barrière dans la recherche de la récupération de ce qui est dû aux peuples de la Françafrique, ce qui en fait est un droit, une justice.

Le défi majeur à surmonter dans la riposte stratégique est de ne pas s'engager dans les négociations quand on est en situation de faiblesse. Il faudrait par conséquent que les pays africains francophones du sud du Sahara évaluent avec réalisme leurs forces et faiblesses dans un premier temps, et ensuite font appel à tout le continent qui pourra peser de tout son poids dans la négociation, dans la mesure ou la France qui fait partie de l'Union Européenne fera jouer ses autres membres qui, faut-il le rappeler, ont aussi profité plus ou moins directement de la Françafrique. Ne serait-ce que du point de vue des APE (Accords de Partenariats Economiques) qui ouvrent à tous les membres de l'Union Européenne les marchés des pays de la Françafrique.

Nous allons énumérer quelques paramètres qui entrent dans une stratégie de riposte efficace.

- Si l'Union Africaine doit peser de son poids pour aider dans la riposte, il faut tout d'abord que l'organisation Africaine puisse au préalable s'affranchir de sa dépendance financière par rapport aux puissances étrangères. Cet affranchissement est possible, mais la volonté politique fait encore cruellement défaut aux dirigeants africains. Un plan d'autonomisation de l'Union Africaine est en cours d'étude, mais verra-t-il le jour à temps ? Le Président Kagame en charge de l'Union Africaine depuis 2018 fera des propositions dans ce sens.

- Les diasporas africaines doivent accorder leurs violons et défendre en bloc uni les causes du continent noir, mettre une pression constante et permanente à la France et faire du lobbying auprès de toutes les instances internationales. La diaspora africaine doit aussi coordonner son action afin d'éviter les pertes de synergies, limitant son énergie aux actions utiles et à fort rendement médiatique.

- La menace et éventuellement l'usage de l'embargo sur toutes les ressources du sous-sol de l'Afrique cfa pourrait être un très grand moyen de pression sur la France qui en dépend très largement. Ces pays en ont-ils les moyens ?

- La consolidation de l'espace économique africain en un bloc fort et solidaire face à la France et ses complices peut conférer aux victimes de la Françafrique, une très grande capacité d'autonomisation.

- L'identification des véritables décideurs dans la chaine des négociations est indispensable sur le plan international, ainsi qu'à l'intérieur de toutes les institutions qui constituent ce qu'il est désormais commun d'appeler la Communauté Internationale.

La bonne riposte exige certaines réponses des fils des pays cfa. Les africains resteront-ils des éternels assistés ? La France organise au vu et au su de tout le monde des complots pour piller nos ressources, elle utilise les conflits pour nous diviser. Comment quelqu'un peut-il venir de l'extérieur pour organiser un massacre chez nous ? La faute est-elle à nous qui acceptons ou à la France qui propose ? Nous ne devons pas justifier tous nos conflits en accusant les étrangers seulement. Pourquoi prenons nous des machettes, des armes pour nous entretuer ?

Pour une riposte crédible, il est temps que la jeunesse, les femmes, les politiques et gouvernements africains se ressaisissent. C'est vrai que le peuple africain sort de loin, avec un lourd passé esclavagiste où notre histoire nous a été volée, notre mémoire bafouée et effacée par des mensonges diaboliques, nos territoires divisés et pillés, les noms de nos royaumes effacés et rebaptisés par des nouveaux noms avec des histoires fabriquées de toutes pièces telles que le « mythe » fondateur du Cameroun qui débute avec la découverte de la « rio dos camaroes » ou « rivière des crevettes » par le navigateur portugais Fernando Pô en 1472. Comme si avant l'arrivée des portugais, nous n'avions pas de nom, ni d'identité. Ils ont voulu effacer notre histoire, sachant bien qu' « un peuple sans histoire est un peuple sans âme ». Mais plus que jamais nous recouvrons notre identité, et le réarmement moral devient une variable inégalée et stratégiquement puissante.

L'Afrique est notre continent, elle appartient aux enfants du continent, elle n'est pas la propriété de la France, ni de l'Europe contrairement au souhait de Mr. Lionel Zinsou. La France est le principal instigateur des malheurs qui détruisent ce continent. Il faut se méfier des plans en faveur de l'Afrique, Madame Angela Merkel en a un avec son plan « Merkel » pour l'Afrique. Nous ne devons accepter que ce qui est bien….vigilance donc.

CHAPITRE IV:
Dispositif et Axes Stratégiques de la Riposte

Trois parties vont étayer notre réflexion dans ce chapitre et ce seront : le dispositif de la riposte, les axes stratégiques de la riposte et le Panafricanisme, stade suprême de la riposte.

Le dispositif de la riposte.

Le déploiement d'un dispositif stratégique de riposte répond à un impératif sécuritaire qui veut colmater définitivement toutes les fissures qui permirent la pérennisation de la Françafrique. C'est une manière de dire « plus jamais ça ». Il faut en finir avec cette nébuleuse et surtout s'assurer de sa mort définitive, sans espoir de résurrection.

Se prémunir contre toutes tentatives de la France pour reconquérir les pays de la zone CFA libérés, présuppose que ces derniers ont pris la précaution de se doter d'un autre type de relations avec l'ex parrain. Il faut éviter de tomber dans le cas de Haïti qui réussit à vaincre la France, mais n'avait rien prévu pour la suite de son émancipation, on sait ce qui en résultat. La leçon à tirer ici est qu'on n'abat pas un système, si répugnant soit-il, si on n'a pas pensé et préparé celui qui doit le remplacer. En outre, il ne faut pas non plus se retrouver dans le cas d'un esclave qui se bat pour quitter son maître, mais une fois libéré, ne sait quoi faire ni où aller ; certains rentrèrent volontairement chez l'ancien maître. Ce sont des exemples sur lesquels il faut méditer sérieusement. Les pays cfa quitteront la Françafrique pour s'assumer, pas pour un autre parrain.

Le dispositif de la riposte commence par la création et la mise en place d'un Comité Stratégique dirigé par des patriotes, hommes et des femmes de poigne dont la fibre nationaliste est avérée. Dans ces comités, des leaders prudemment choisis animeront des « Cellules de veille stratégique » qui se chargeront de fournir aux populations et aux dirigeants politiques, l'argumentaire et les éléments de fonds qui consolident la stratégie de riposte. Ces cellules de veille sont chargées de la surveillance de tous les événements politiques, économiques, militaires, culturels, diplomatiques….etc. qui se produisent au niveau local ou international. Les cellules analysent et évaluent les impacts de ces évènements sur le pays en marche vers sa véritable souveraineté.

L'unité d'action du pays doit être assurée et préservée par un comité qui se charge de la coordination officielle des actions ; l'approche de tout problème se fait alors dans le cadre d'une analyse systémique et stratégique, les décisions à prendre s'alignant strictement sur les résultats des analyses. Les changements en France devront être suivis par les pays cfa qui y accorderont des regards très attentifs. Les mouvements de la Métropole qui touchent ces pays donneront lieu à une riposte stratégique mineure, celle qui correspond à un déplacement de pion dans l'échiquier des pays cfa pour contrer, neutraliser, ou annihiler les effets des mouvements en France. Cette action requiert une réaction en temps réel et au jour le jour. La riposte stratégique va détruire ceux qui veulent nous détruire grâce aux tactiques défensives opposées aux attaques offensives en provenance de Paris ou de ses complices.

Le dispositif de la riposte est permanent et exige vigilance et réévaluation constantes de l'état des relations avec la France. La distraction ne sera pas permise car, à toutes positions conquises par les pays cfa, la France réagira en mettant en action une nouvelle stratégie pour la reconquête des positions perdues. Pour les pays cfa, il s'agit de verrouiller définitivement toutes les portes qui permirent à la Françafrique de s'installer si durablement chez eux.

Au fur et à mesure que les pays cfa s'affranchiront de cette relation toxique, il est probable que des manifestations sociétales jaillissent et le risque de les voir se transformer en conflits internes est réel, c'est de bonne guerre et il faut s'en prémunir. La liberté est une valeur qui doit être conquise, elle s'arrache, et quand on l'a obtenue, il faut savoir la protéger et la défendre farouchement. La riposte qui convient est une contre-attaque vigoureuse, une réponse robuste, vive, et immédiate à toutes provocations. Elle peut être graduée ou flexible car elle mène à une posture stratégique de légitime défense fondée sur la volonté de s'adapter le plus exactement possible à la nature et à la puissance de la menace exercées par un adversaire très combatif qui ne veut pas perdre la face.

Le choix des moyens à mettre en œuvre est critique, la riposte étant à la fois multi dimensionnelle, multi directionnelle, et multi générationnelle. Le pays cfa applique une stratégie ciblée qui puise sa force dans le concept de « frapper là où ça fait mal » et maintenir une pression ferme sur l'adversaire. Le but est d'envoyer un message direct à la classe politique gouvernante en France qui doit reconnaitre sans ambigüité la souveraineté des pays. Le message sans équivoque des pays cfa indiquera que l'obtention de cette souveraineté va se faire sans marchandage. Les dirigeants des pays doivent faire preuve de courage et de détermination. Leurs revendications sont légitimes, ils ne peuvent pas perdre la face politiquement ou diplomatiquement. Multipliée de manière précise à d'autres moments opportuns, cette stratégie se révélera payante, parce qu'elle va permettre le démantèlement définitif d'un système par la ténacité. Tout ce qui fut construit contre les peuples cfa doit être défait. Cette déconstruction est bien possible si la volonté politique et le courage sont présents chez les dirigeants, le peuple les soutiendra.

Comme dans le cas de la résistance, les pays cfa intègrent dans leur dispositif, un grand degré d'imprévisibilité dans leurs relations avec la France. Seule une « dynamique » soigneusement montée permet aux dirigeants de se mettre à l'abri des représailles de la France. Ils doivent jouer de la ruse et se montrer astucieux pour déclencher des réactions populaires avec un timing parfait tout en restant officiellement distant et étrangers à ce qu'ils ont pourtant initié. Ici aussi le choc frontal est à proscrire, le gouvernement laissera faire les autres en encourageant la coalition société civile, étudiants, syndicats et partis politiques d'opposition.

Les axes stratégiques de la riposte.

Le chemin qui conduit à la souveraineté réelle est long et tortueux, y arriver ne se réalisera pas par une course de vitesse mais plutôt par une course de fond, celle qui fait appel à la résistance. Les contraintes à lever sont nombreuses, et l'implémentation d'une stratégie même bien pensée est délicate et complexe. Dans ce contexte tendu, la question des priorités à établir revêt une importance critique parce qu'il faut opérer des choix qui auront des effets induits directs sur d'autres variables dans le but de créer des synergies stratégiques amplifiées. Le choix des axes stratégiques de la riposte s'appuie sur plusieurs paramètres différents dans leur nature et leur fonction. Nous répétons qu'il s'agit d'un plan à multiples angles d'attaque ou de défense soigneusement exécuté en utilisant des canaux de communication crédibles qui permettront la dissémination progressive de certaines données confidentielles pour la consolidation des sentiments anti-Françafrique dans la population, tout en s'efforçant de séparer le peuple Français de ses dirigeants.

Les cellules de veille formées dans la phase de la résistance poursuivent leurs activités et mettent à la disposition des personnalités avec un poids politique notoire, des éléments de langage que ces derniers vont soigneusement injecter dans l'opinion publique à travers les masses medias locaux et internationaux. La rupture étant définitive, sa concrétisation exige que tous les acteurs du processus ne baissent jamais leur garde pour éviter de tomber dans les multiples pièges qui leurs seront directement ou indirectement tendus. La riposte sera axée sur le plan interne et externe car combattre la

Françafrique sans combattre ses alliés endogènes est naïf, nous le répétons.

Les options au plan interne.

Nous situons l'action ici dans l'hypothèse suivante : un dirigeant préalablement acquis à la Françafrique, sous la forte pression populaire s'engage dans la voie de la rupture. Il bénéficie dans ce cas, du soutien de la population, ce qui améliore les possibilités de succès de sa stratégie. Sans être exhaustif et encore moins limitatif, nous avons identifié cinq axes :

1- Sur le plan relationnel, ne plus faire confiance à aucune société ni organisation de la Métropole et prendre de la distance avec la représentation diplomatique dans le pays ; remettre en cause ce que la presse dit par la vérification systématique des informations avant de prendre une décision.

2- Surveiller de très près les adversaires politiques locaux, ne jamais les sous-estimer dans la mesure où c'est souvent par eux que la France passe pour déstabiliser le pays en organisant des invasions qui ont pour base arrière un pays voisin dirigé par un traître à la cause africaine. La protection des frontières extérieures doit être garantie.

3- L'équilibre politique interne du pays est maintenu et renforcé par la formation d'un gouvernement d'union nationale qui trouvera sa force dans l'engagement et la détermination de tout le peuple dans toutes ses composantes sociales.

4- Ne jamais organiser un scrutin en temps mouvementés et ne jamais faire appel aux organisations internationales qui ne sont que des relais impérialistes des prédateurs Occidentaux.

5- La recherche d'alliances ou des pays amis *sûrs,* mais compter d'abord sur sa population.

Les options au plan externe.

Elles sont élaborées pour anticiper ou pour contrer les attaques en provenance de la Métropole. Comme à l'interne, nous en avons identifiés cinq :

1- Consolider les informations compromettantes à la France et ses dirigeants afin de savoir marchander le moment venu et dévoiler ce qui ne plaira pas au peuple.

2- Dé-mythifier les Accords tenus secrets par leur divulgation au peuple et les ratifier à nouveau par les Assemblées Nationales recomposées, faisant du président de la république un des signataires des accords, il ne sera plus seul à le faire, d'où partage des responsabilités.

3- Banaliser les relations avec la France, dé-privilégier cette relation en élargissant la coopération avec d'autres partenaires au plan, commercial, diplomatique, culturel…

4- Exploiter positivement tous les manquements de la France sur le plan international, dans ses relations bilatérales et dans son traitement peu élégant des étrangers en France, le but recherché étant d'établir la méchanceté dans les actes posés par le gouvernement français.

5- Bâtir au niveau régional une coalition avec des voisins qui partagent votre combat, en érodant graduellement l'exclusivité relationnelle avec la France.

Il faut sortir de cette peur qui *tétanise* les Présidents Africains cfa et les empêche de poser des actes de souveraineté avec des décisions qui émancipent leur pays de la tutelle Françafricaine. Les plus courageux se contentent à faire des déclarations qui ne sont pas suivies d'actes concrets. Avec des dirigeants poltrons, il n'existe aucune chance pour que les populations prennent finalement leur destin entre leurs mains.

Le Panafricanisme, stade suprême de la riposte.

A titre de rappel, ensemble, les Européens parmi lesquels la France, se mirent autour d'une table dans la ville de Berlin en Allemagne en 1885. Nous, Africains n'y étions pas invités parce que nous étions à leur menu. Ils nous ont divisé brutalement en disloquant le caractère homogène de nos sociétés, et depuis ce temps ils règnent sur nous grâce à la division des peuples. Ce n'est qu'ensemble que les Africains pourront reconquérir leur héritage historique commun. Nous ne devons plus nous battre contre nos frères parce que nous luttons pour la même cause. Notre « ennemi » commun est connu, nous devons faire bloc face à lui par la mutualisation de nos forces et de nos efforts en sachant surmonter et taire nos différences indépendamment de leur nature et de leur profondeur. L'Afrique doit s'unir ou alors elle va périr, pas au sens de la disparition du continent, mais au sens où elle va demeurer éternellement dominée, violemment exploitée, permanemment pauvre.

Trop petits et trop faibles pour se faire entendre, seule l'union véritable, ne serait-ce que sur les aspects importants peut protéger ces micro états. Il est communément admis que l'union fait la force mais pourquoi l'union des états africains regroupés dans L'Union Africaine (UA) n'a jamais rendu le groupe plus fort ? Ce paradoxe typiquement africain qui fait de l'Union Africaine une coquille vide, peut s'expliquer par au moins deux raisons : l'organisation africaine n'a pas d'autonomie financière, elle est subventionnée à 77% par l'Union Européenne et la majorité des états membres ne s'acquittent pas régulièrement de leurs contributions. On sait que « la main qui donne est celle qui ordonne » L'autre raison à nos yeux est qu'en réalité, l'union des faibles, fait la désunion ; des états faibles structurellement et institutionnellement qui se mettent ensemble ne peuvent rester que faibles. Pour remédier à cet état de faiblesse, il est impératif que chaque état mette d'abord de l'ordre chez lui. Se mettre en ordre inclut une gestion rationnelle des moyens, avec des institutions républicaines solides qui permettent l'élection des dirigeants légitimement élus. Quand on est fort chez soi, on peut s'associer avec des semblables pour créer une entité plus forte que chacun pris individuellement. Si on veut que l'Afrique soit aux Africains, il ne faut plus admettre au sein de l'organisation de l'Union Africaine, des pays qui n'appartiennent pas au continent, mais il faut s'assumer financièrement. Cela est faisable.

De quel Panafricanisme peut-il s'agir ? Nous n'entrerons pas dans les débats sur ce sujet. Nous pensons néanmoins que la notion du Panafricanisme qui veut à tout prix remettre à l'ordre du jour les visions « romantiques » des pères de la décolonisation, est inadéquate en 2017. Ces visions nous paraissent dépassées compte tenu des mutations qui ont reconfigurées la géopolitique du monde. Il nous semble alors plus réfléchi de concevoir une nouvelle vision d'un Panafricanisme qui s'inscrit dans un contexte dynamique et évolutif non émotionnel, non romantique. Sans la mise en place d'institutions véritablement démocratiques dans chaque pays, il est illusoire de trouver une convergence d'idées et d'intérêts entre différents pays.

Le Panafricanisme comme stade suprême de la riposte est celui qui s'appuie sur la raison et non sur le cœur, on ne peut pas faire du continent une entité homogène et monolithique ; il y a d'énormes différences entre les peuples, les cultures, les sociétés, les économies….etc. Le Panafricanisme de la riposte est basé sur une approche actualisée et stratégique qui s'appuie sur la minimisation préalable des facteurs de division entre pays, d'un impératif d'organisation, de l'élaboration d'une vision stratégique commune à long terme. Les limitations constatées n'empêchent pas la coopération solidaire avancée entre pays Africains ; cette coopération peut se construire autour des socles suivants : la Défense, un pour tous et tous pour un ; la Diplomatie pour parler d'une seule voie ; l'Agriculture pour avoir la sécurité alimentaire ; la Santé avec une industrie pharmaceutique de qualité ; l'Energie et la Technologie pour les transferts de savoir ; la Communication pour contrôler les flux d'informations ; l'Economie pour peser sur les prix de nos matières premières qui se négocient ailleurs. Le problème d'une monnaie unique peut être amorcé par l'établissement d'une convertibilité automatique entre monnaies existantes en attendant la migration vers une monnaie unique Africaine.

Tout fils du Continent Africain doit se mobiliser pour assurer sa protection. Les foules Africaines ont soif de motivation et d'encouragement dans la préparation de la riposte suprême qui n'a que le Panafricanisme véritable comme solution pour sa survie. L'heure est à la mobilisation, le travail à faire est immense, le moment est favorable, il faut s'engager maintenant. Il n'y aura pas d'entente sur tout, on doit donc se limiter à l'essentiel. C'est de l'éveil des consciences jeunes que la Nouvelle Afrique naîtra. Le potentiel et l'importance de la jeunesse africaine où qu'elle se trouve dans le monde n'est plus à sous-estimer. Dans un monde interdépendant où tout est interconnecté, le malheur des uns ne fera plus jamais le bonheur des autres, les peuples de l'Afrique sont *ombilicalement* liés par une communauté de Destin.

CONCLUSION

La France *vole et pille* depuis plus de cinquante années les pays Africains cfa dans un système qu'elle a mis en place et qui porte en lui les germes essentiels des malheurs et de la misère de ces pays. Pour maintenir cette situation, la France est engagée sans le dire dans une guerre sans états d'âme contre les patriotes et les nationalistes de ces pays. Le constat que nous venons de faire est sans appel, La Françafrique a été prise en flagrant délit dans ses actes très répréhensibles et à la limite criminels. C'est donc une procédure d'urgence qu'il faut appliquer contre ce système. C'est maintenant ou jamais qu'il faut se libérer, l'histoire est en faveur des pays de la zone CFA, il faut passer à l'action, les preuves matérielles de la légitimité de la rupture sont massives et accablantes contre la Françafrique. En vérité je vous le dis, le vrai rapport de forces est à notre avantage, nous avons le nombre avec nous; ensemble, nous sommes plus nombreux que la France et le combat n'est pas militaire.

L'ampleur du problème pourrait instaurer le découragement quant au succès de la rupture, l'adversaire paraît trop fort et puissant, c'est par conséquent la raison pour laquelle il faudrait déjà se mettre d'accord sur le fait qu'il n'y aura pas de solution facile. Une bonne préparation avant la décision de rompre est nécessaire et surtout ne pas confondre vitesse et précipitation. Mais, l'histoire nous montre que des pays apparemment invincibles ont fini par tomber quand ils sont face à un peuple déterminé et courageux. On se souvient de l'histoire de « David contre Goliath ».

L'enjeu central de la rupture réside dans la mise à l'écart des dirigeants actuels en pays cfa, agrippés au pouvoir de manière anti-démocratique et qui se taillent sur mesure des lois et des constitutions qui garantissent leur règne absolu. Mettre ces dirigeants hors-jeu doit passer par l'instauration des pratiques réellement démocratiques parce que la démocratie n'a pas de substitut dans la société moderne, elle peut ne pas être un système parfait, mais elle est le meilleur que nous avons et il convient de faire avec et l'adapter avec nos réalités.

On ne doit pas négocier avec un pilleur qui ces derniers jours tente de créer la diversion en proclamant que le franc cfa est une monnaie africaine, que sa question n'est pas un tabou et dit attendre des propositions de la part des pays qui l'utilisent. La monnaie est avant tout une question politique de souveraineté et d'indépendance. Ces valeurs ne sont pas négociables. Il faut abandonner cet outil de domination et surtout accompagner la sortie d'autres mesures telles que le contrôle du capital des banques pour orienter les crédits vers les objectifs de développement clairement définis par des leaders responsables.

La véritable question de la libération des pays cfa se pose en termes suivants : Que sont-ils prêts à sacrifier pour être définitivement indépendants ? On ne peut pas libérer des gens qui ne veulent pas être libres ; les Africains des pays de cette zone parlent de liberté mais par leur comportement, ils confirment plutôt le statut quo. Au-delà de toutes les considérations, tous les Accords de

Coopération doivent être remis en cause en vue de leur actualisation

C'est aux patriotes africains, soutenus par un peuple politiquement éduqué et sensibilisé, de se mettre en ordre de bataille contre la Françafrique et toutes les autres dominations. Le combat est à la fois interne et externe et la mobilisation des troupes doit se faire à l'intérieur des plateformes politiques qui font de la rupture avec la Françafrique, le problème majeur et central dans toutes les compétitions politiques. En effet l'enjeu critique de la rupture réside dans la mise à l'écart de tous les complices et facilitateurs de cette « chose hideuse ». La responsabilité des Africains dans leur propre tragédie n'est pas à négliger bien que La France soit le coupable principal.

En scrutant méticuleusement la Françafrique, on s'aperçoit que nous sommes tous, à des degrés divers , coupables : les dirigeants corrompus qui servent servilement la Françafrique sont coupables, les armées qui ont cessé d'être républicaines pour se mettre au service d'un homme sont coupables, les partis politiques frappés d'une myopie sévère et se contentant de jouer les marionnettes utiles sont coupables, la société civile est coupable par ses postures qui privilégient les intérêts particuliers et non ceux du peuple, la diaspora qui se laisse instrumentaliser par des régimes pourris , et la diaspora de résistance brille par ses divisions, la jeunesse passablement indifférente continue de rêver son avenir et agit timidement pour vivre ses rêves, le peuple dans son ensemble accepte l'intimidation et se retranche derrière la peur en transférant ses frustrations les uns sur les autres et dirige mal son énergie, oublie qu'il est la source et le propriétaire de tous les pouvoirs......nous sommes tous coupables.

Ce sera donc ensemble qu'il faudra se mettre pour accélérer la fin de la Françafrique. *Rupture, Résistance, Riposte* deviennent des actes qui rétablissent la justice, c'est une façon de reconnaitre qu'une faute a été commise et qu'il faut la réparer par des compensations telles que la restitution de tous les avoirs des pays de la zone CFA dans le Compte d'Operations y compris les intérêts accumulés. Si l'unité de l'Afrique telle que voulue par Nkrumah et les autres est souhaitable parce qu'elle serait la riposte suprême pour protéger le continent, force est de reconnaitre qu'elle verra difficilement le jour aujourd'hui ; il faut imaginer d'autres formes de Panafricanismes. Les pays Africains ont marché seuls trop longtemps et ils succombent encore assez facilement aux assauts des briseurs de rêve des Etats Unis d'Afrique parmi lesquels un propre fils du Continent, Monsieur Barack Obama qui, avec Monsieur Nicolas Sarkozy et Monsieur David Cameron, assassinèrent le Guide Libyen Mouammar Kadhafi qui voulait concrétiser l'Unité Africaine.

C'est au nom des enfants de l'Afrique, que nous lançons ici des mandats d'arrêts contre ces trois hommes. Tout fils digne du Continent Africain, qui se trouverait en face d'une de ces personnes, a le devoir citoyen de faire ce que nous appelons « Mise aux Arrêts Patriote », parce que, au-delà de la Françafrique, c'est de toute l'Afrique qu'il s'agit pour que finalement, « L'Afrique aux Africains » soit une réalité et non un slogan.

La Françafrique, comme la nuit, a atteint son point le plus noir et une aube nouvelle doit se lever ; le fond de la misère dans cette relation a été touché, la question n'est plus de savoir si oui ou non il est temps de l'abattre, mais plutôt comment le faire. Nous devons trouver le catalyseur du changement dans nos mentalités, le déclic qui sonne la fin de cette horreur. La vérité est le catalyseur de changement le plus puissant, la Françafrique est un système qui a trop duré sans jamais établir sa validité. La vérité se trouve dans notre camp, nous pays cfa, nous en avons les preuves, celles-ci crèvent les yeux.

Quand plusieurs millions d'Africains commencent à penser de la même façon, la convergence de leurs pensées se transforme en une grande force et la masse cumulative de cette force grandit pour devenir puissance de changement. La puissance des pensées justes croît de manière exponentielle avec le nombre de personnes qui partagent une pensée juste et quand plusieurs personnes travaillent en unisson, l'effet de leur combat se trouve agrandi ; ceci a été prouvé par la puissance des prières en groupes et la louange en masse dans les cercles de guérison. Il y a de la puissance dans la vérité et si aujourd'hui nous gravitons tous vers l'idée de la fin de la Françafrique, peut- être nous le faisons parce que cette idée est vraie, elle est juste et légitime. La fin de cette relation est aujourd'hui profondément ancrée dans le peuple qui contient déjà très mal son impatience, cette idée est devenue sa propriété et vibre avec notre inconsciente sagesse ; on n'apprend pas la vérité, on s'en rappelle plutôt car elle est en nous, elle est immanente, on s'en souvient, on la reconnaît comme ce qui existe déjà à l'intérieur de nous.

Toute période de changement profond a historiquement été accompagnée par des forces négatives qui poussent dans la direction opposée, c'est une loi de la nature et de l'équilibre et tous les grands changements commencent presque toujours par des sacrifices. La fin de la Françafrique ne dérogera pas à cette règle. Nous sommes à l'aube de la véritable Renaissance Panafricaine et chacun de nous est un observateur privilégié de ce moment *pivotal* de l'histoire d'une grande partie de l'Humanité. Cette courte fenêtre d'opportunités historiques ne doit pas être ratée. Après plus de soixante années de brimades, la vérité sera rétablie ; les mauvaises idées se nourrissent de notre indifférence apathique mais la conviction est notre antidote le plus puissant. On ne peut plus s'accommoder de la Françafrique et ses dictateurs locaux. Abattre ce système nécessite un effort pluriel, la victoire sera partagée dans une satisfaction individuelle très intense.

BIBLIOGRAPHIE SELECTIVE

Agbohou Nicolas, Le franc CFA et l'Euro contre l'Afrique, Solidarité Mondiale.

Baadikko Mammadu, Françafrique : l'échec. L'Afrique postcoloniale en question, Paris, l'Harmattan, 2001. 365p

Bat Jean-Pierre, Le syndrome Foccart : la politique française en Afrique, de 1959 à nos jours, Paris, Folio, 2012, 848p

Boisbouvier Christophe, Hollande l'Africain, La Découverte, 2015

Foccart Jacques et Philippe Gaillard, Foccart parle, entretiens avec Philippe Gaillard, Paris, Fayard, 1995, 500p

« France- Afrique. Les nouveaux réseaux » (dossier), Jeune Afrique, numéro 2576, 23 au 29 Mai 2010 p 24-35

Martinot Delphine, Connaissance de soi et estime de soi : ingrédients pour la réussite.

Monsieur X et Patrick Pesnot : Les dessous de la Françafrique : les dossiers secrets de monsieur X, Paris, nouveau Monde, 2008, 395p

Secke Jean-Claude, Théorie Sociopolitique du Sous-Developpement Socio- Economique, Tomes I, II, l'Harmattan, Paris 2011, 277p et 248p

Tchundjan Pouémi Joseph, Monnaie, Servitude et Liberté : La répression monétaire de l'Afrique, Paris, Editions JA, 1980, 248p

Verschave Francois-Xavier, La Françafrique, le plus long scandale de la République, Paris, Stock, 1998, 379p

Verschave Francois-Xavier, Noir Silence : qui arrêtera la Françafrique ?, Paris, Les Arenes, 2000, 596p

Le Chancelier allemand Konrad Adenauer [Citation du 27 septembre 1951 devant le parlement allemand cf. Howard M. Sacher, Israël and Europe, page 99.]

Discours de **Lionel Zinsou** lors du séminaire "Les **valeurs** de la **mondialisation"** : Chaine UMP publié le 23 Mai 2011

Liens

thttps://www.youtube.com/channel/UCeTC_HC89ePzF 2D5X3fioIQ

https://www.lesechos.fr/10/07/2008/LesEchos/20212-052-ECH_lionel-zinsou.htm#J88BBo8WeQ37WkEB.99

http://www.cameroonvoice.com/news/article-news-15356.html

http://tempsreel.nouvelobs.com/monde/20120126.OBS9 928/ouattara-en-france-comme-au-temps-de-la-francafrique.html

ANNEXE 1 : EXTRAITS DU CODE NOIR

RESUME DU CODE NOIR, Lecture Prévue au Tribunal

En mars 1685, c'est pour les colons des « îles de l'Amérique » (Antilles, Guyane, Louisiane,…) qu'est établi le Code noir, dans le but de les « secourir dans leurs nécessités » comme s'ils en avaient besoin … Rédigé par Colbert sur les ordres de Louis 14, il sera aboli en 1794 puis réintégré par Napoléon dans le Code civil en 1803. Dans ce Code, l'homme noir est considéré comme un « meuble » une marchandise. Il y est question de « marché de nègres ». Une liste de punitions et de sévices est dressée, notamment en cas de fuite d'un esclave, sa liberté étant considérée comme criminelle : Selon l'article 38, « L'esclave fugitif qui aura été en fuite pendant un mois, à compter du jour que son maître l'aura dénoncé en justice, aura les oreilles coupées et sera marqué d'une fleur de lys sur une épaule ; s'il récidive, il aura le jarret coupé, et il sera marqué d'une fleur de lys sur l'autre épaule ; et, la troisième fois, il sera puni de mort »

La religion catholique est imposée aux esclaves qui doivent être « baptisés et instruits dans la religion catholique, apostolique et romaine », sans quoi ils seront « enterrés la nuit dans quelque champ voisin du lieu où ils seront décédés »

Ce Code entend aussi écrire l'avenir, en ce sens où la condition d'esclave est promise aux enfants : « Les enfants qui naîtront des mariages entre esclaves seront esclaves et appartiendront aux maîtres des esclaves »

Environ une soixantaine d'articles, composent le code noir.

Lu en Mars 1685, à Versailles par Louis XIV, roi de France et de Navarre : À tous, présents et à venir, salut.

Préambule

Comme nous devons également nos soins à tous les peuples que la divine providence a mis sous notre obéissance, nous avons bien voulu faire examiner en notre présence les mémoires qui nous ont été envoyés par nos officiers de nos îles de l'Amérique.

Ayant été informés du besoin qu'ils ont de notre autorité et de notre justice pour y maintenir la discipline de l'église catholique, apostolique et romaine, pour y régler ce qui concerne l'état et la qualité des esclaves dans nos dites îles.

A ces causes, de l'avis de notre conseil, et de certaine science, pleine de puissance et autorité royale, nous avons dit, statué et ordonné, disons, statuons et ordonnons ce qui suit.

Article 2

Tous les esclaves qui seront dans nos îles seront baptisés et instruits dans la religion catholique, apostolique et romaine. Enjoignons aux habitants qui achètent des nègres nouvellement arrivés d'en avertir dans huitaine au plus tard les gouverneurs et intendant desdites îles, à peine d'amende arbitraire, lesquels donneront les ordres nécessaires pour les faire instruire et baptiser dans le temps convenable.

Article 8

Déclarons nos sujets qui ne sont pas de la religion catholique, apostolique et romaine incapables de contracter à l'avenir aucun mariages valables, déclarons bâtards les enfants qui naîtront de telles conjonctions, que nous voulons être tenues et réputées, tenons et réputons pour vrais concubinages.

Article 10

Les solennités prescrites par l'ordonnance de Blois et par la Déclaration de 1639 pour les mariages seront observées tant à l'égard des personnes libres que des esclaves, sans néanmoins que le consentement du père et de la mère de l'esclave y soit nécessaire, mais celui du maître seulement.

Article 12

Les enfants qui naîtront des mariages entre esclaves seront esclaves et appartiendront aux maîtres des femmes esclaves et non à ceux de leurs maris, si le mari et la femme ont des maîtres différents.

Article 14

Les maîtres seront tenus de faire enterrer en terre sainte, dans les cimetières destinés à cet effet, leurs esclaves baptisés. Et, à l'égard de ceux qui mourront sans avoir reçu le baptême, ils seront enterrés la nuit dans quelque champ voisin du lieu où ils seront décédés.

.Article 27

Les esclaves infirmes par vieillesse, maladie ou autrement, soit que la maladie soit incurable ou non, seront nourris et entretenus par leurs maîtres, et, en cas qu'ils eussent abandonnés, lesdits esclaves seront adjugés à l'hôpital, auquel les maîtres seront condamnés de payer 6 sols par chacun jour, pour la nourriture et l'entretien de chacun esclave.

Article 33

L'esclave qui aura frappé son maître, sa maîtresse ou le mari de sa maîtresse, ou leurs enfants avec contusion ou effusion de sang, ou au visage, sera puni de mort.

Article 35

Les vols qualifiés, même ceux de chevaux, cavales, mulets, boeufs ou vaches, qui auront été faits par les esclaves ou par les affranchis, seront punis de peines afflictives, même de mort, si le cas le requiert.

Article 38

L'esclave fugitif qui aura été en fuite pendant un mois, à compter du jour que son maître l'aura dénoncé en justice, aura les oreilles coupées et sera marqué d'une fleur de lis sur une épaule; s'il récidive un autre mois pareillement du jour de la dénonciation, il aura le jarret coupé, et il sera marqué d'une fleur de lys sur l'autre épaule ; et, la troisième fois, il sera puni de mort.

Article 39

Les affranchis qui auront donné retraite dans leurs maisons aux esclaves fugitifs, seront condamnés par corps envers les maîtres en l'amende de 300 livres de sucre par chacun jour de rétention, et les autres personnes libres qui leur auront donné pareille retraite, en 10 livres tournois d'amende par chacun jour de rétention.

Article 58

Commandons aux affranchis de porter un respect singulier à leurs anciens maîtres, à leurs veuves et à leurs enfants, en sorte que l'injure qu'ils leur auront faite soit punie plus grièvement que si elle était faite à une autre personne : les déclarons toutefois francs et quittes envers eux de toutes autres charges, services et droits utiles que leurs anciens maîtres voudraient prétendre tant sur leurs personnes que sur leurs biens et successions en qualité de patrons.

Afin que ce soit chose ferme et stable à toujours, nous y avons fait mettre notre sceau.

Donné à Versailles au mois de mars 1685.

Signé : Louis le quatorzième.

ANNEXE II

De « l'Accord entre la République du Niger, la République du Dahomey, la République de Côte d'Ivoire et la République Française concernant la coopération dans le domaine des matières premières et produits stratégiques » et de «l'Accord de Coopération Militaire et Technique entre la France, République du Niger la République de Côte d'Ivoire, la République du Dahomey (Actuel Bénin) »

Afin de garantir leurs intérêts mutuels en matière de Défense, les parties contractantes décident de coopérer dans le domaine des matériaux stratégiques et de Défense dans les conditions définies ci-après:

Article 1: Les matières premières et produits classés stratégiques comprennent:

Première catégorie: les hydrocarbures liquides ou gazeux ;

Deuxième catégorie: l'uranium, le thorium, le lithium, le béryllium, leurs minerais et composés. Cette liste pourra être modifiée d'un commun accord, compte tenu des circonstances.

Article 2 : La République Française informe régulièrement la République de Côte d'Ivoire, la République du Dahomey et la République du Niger de la politique qu'elle est appelée à suivre en ce qui concerne les matières premières et produits stratégiques, compte tenu des besoins généraux de la Défense, de l'évolution des ressources et la situation du marché mondial.

Article 3 : (Alinéa1) : La République de Côte d'Ivoire, la République du Dahomey et la République du Niger, en vue de s'assurer la standardisation de ses armements, s'adresseront en priorité à la République Française pour l'entretien et le renouvellement   de leurs matériels et équipement de ses forces armées.

(Alinéa2) La République de Côte d'Ivoire, la République du Dahomey et la République du Niger informent la République Française de la politique qu'elles sont appelées à suivre en ce qui concerne les matières premières et produits stratégiques et des mesures qu'elles se proposent de prendre pour l'exécution de cette politique.

Article 4 : La République de Côte d'Ivoire, la République du Dahomey et la République du Niger facilitent au profit des forces armées françaises le stockage des « matières premières et produits stratégiques. Lorsque les intérêts de la Défense» l'exigent, elles limitent ou interdisent leur exportation à destination d'autres pays.

Article 5 : La République Française est tenue informée des programmes et projets concernant l'exportation hors du territoire de la République de Côte d'Ivoire, de la République du Dahomey et de la République du Niger des matières premières et des produits stratégiques de deuxième catégorie énumérés à l'article premier. En ce qui concerne ces mêmes matières et produits, la République de Côte d'Ivoire, la République du Dahomey et la République du Niger, pour les besoins de la Défense, réservent par priorité leur vente à la République Française après satisfaction des besoins de leur consommation intérieure, et s'approvisionnent par priorité auprès d'elle.

Article 6: Les Gouvernements procèdent, sur les problèmes qui font l'objet de la »présente annexe, à toutes consultations nécessaires.

 Au titre des Accords de Coopération consacré à l'économie, aux finances et à la monnaie :

Article15: Un compte dénommé Niger, Cote d'Ivoire, Dahomey (Benin)-droits de tirage et logé au trésor français est crédité notamment de la contre-valeur des règlements en devises correspondant aux exportations, ainsi que des dons et prêts en devises que la république Niger, ou de Cote d'Ivoire, ou Dahomey obtiendrait de pays extérieurs à la zone franc ou d'organismes internationaux.

Article 36 : Les relations entre le trésor français et le trésor Nigérien, le trésor Ivoirien, le trésor Dahoméen (Béninois) restent régies par un accord spécial. C'est l'accord de coopération économique et Monétaire qui sera signé en 1962 pour l'UEMOA, et 1973 pour la CEMAC.

Fait à Paris, le 24 avril 1961

Ont signé :

Hamani DIORI

FélixHOUPHOUET-BOIGNY

Hubert MAGA

Michel DEBRE